基礎からわかる

相続と戸籍

～鈴木伝助とその家族の戸籍を読む～

新谷 雄彦
渡部 良雄 〔著〕

発行 テイハン

は し が き

　相続とは、亡くなった方（被相続人）の財産上の権利義務を一定の親族（相続人）が包括的に承継することです。包括的に承継する人を相続人と呼びますが、日本の民法では、相続人の範囲を法律上画一的に定めていますので「法定相続人」といいます。

　相続の手続は、特定の人（被相続人）の死亡により開始し、法律により定められた範囲の法定相続人へ権利義務を移転することですが、預金や登記等の各種相続の具体的手続については、出生や死亡などの発生した事実及び婚姻や養子縁組などの身分関係を登録・公証している戸籍により、被相続人と法定相続人との関係を証明することによって進められることになります。

　そのため相続手続を進めるに当たっては、被相続人の死亡事項が記載された戸籍謄本又は戸籍証明書を出発点として、被相続人の親族関係を確認して法定相続人を特定することが必要となることから、被相続人の年齢にもよりますが、出生時の戸籍から死亡時の戸籍まで、数多くの戸籍謄本又は戸籍証明書が必要となり、さらに、法定相続人の現在戸籍の証明書も必要となります。

　各種相続手続には、被相続人及び相続人の戸籍謄本等を、相続手続を取り扱う各種窓口に提出していましたが、平成29年5月29日から、全国の法務局において各種相続手続に利用できる「法定相続情報証明制度」が始まり、被相続人の最後の住所地や申出人の住所地等を管轄する登記所（法務局）へ戸籍謄本等を提出して、「法定相続情報証明」の発行を受けることにより、戸籍謄本等の提出に代えて、当該証明書を各種相続手続の窓口へ提出することが可能となりました。

　一方、東日本大震災の復旧・復興事業等を契機として、土地・建物についての登記名義人（所有者）の調査・確認が行われましたが、相続登記がされていないことにより所有者の確認ができない、いわゆる「所有者不明土地（建物）問題」が発生しました。そのため、復旧・復興事業や不動産取引を進められない事態が生じました。

　そこで、政府は、その対策の一つとして、令和3年法律第24号民法等の一部を改正する法律により、不動産登記法に「相続等による所有権の移転の登記の申請」の義務化を規定しました。この義務化を規定した改正法は、来（令和6）年4月1日から、施行される予定です。

　以上の状況を踏まえ、本書は、相続の基礎知識について全国連合戸籍住民基本台帳事務協議会の機関誌「戸籍」に連載した内容をまとめるとともに、具体的な相続関係が理解できるよう明治33年生まれの「鈴木伝助」（架空の人物）とその家族をモデルとした相続関係図と、本書を読まれた方が、鈴木伝助の家族とした場合、どの相続人

に該当することになるか、その場合は、どのような戸籍を収集する必要があるかを一目で分かるよう戸籍系統図を新たに作成しました。さらに、戸籍については、本書を刊行するに当たって、大正4年式戸籍から現在のコンピュータシステムによる戸籍にたどり着けることができるよう、また、コンピュータシステムによる戸籍から大正4年式戸籍に遡ることができるように工夫してあります。

　本書が、相続手続等の実務に携わる方々及び初めて戸籍事務等に携わる方々の参考になれば幸甚です。

　最後に本書の刊行に当たり格別にお世話になった、株式会社テイハン企画編集課葛西大介氏、稲葉唯氏はじめ出版に携わっていただいた方々に感謝の意を表する次第です。

　令和5年5月

新　谷　雄　彦
渡　部　良　雄

目　次

第1　相続の基礎知識

1　相続開始の原因と時期

　現行民法の定める相続開始の原因は、死亡のみです（民法882条）。旧民法は、第5編相続の第1章に「家督相続」、第2章に「遺産相続」を規定していました。遺産相続については、家族の死亡により開始する（旧民法992条）とし、家督相続については、戸主の死亡のほかに、隠居・国籍喪失・去家などの事由による生前相続も認めていました（旧民法964条）が、家制度の廃止と共に家督相続は廃止されました。

　相続手続をする際においては、被相続人の出生当時の戸籍が旧法戸籍である場合もありますので、家督相続を原因として編製された戸籍（この場合戸主の事項欄には、「年月日前戸主某死亡ニ因リ家督相續届出年月日受附㊞」と記載されています。）を見る機会があるかもしれません。

　相続開始の時期は、通常は、相続開始の原因が発生した時、すなわち被相続人が死亡した時です。人が死亡したときは、死亡の届出（戸籍法86条）をしなければなりませんから、日本人の場合は、戸籍にその死亡の年月日時分及び場所が記載されます（法定記載例番号138参照）ので、戸籍で確認することができます。また、失踪宣告も死亡したものとみなす効果があります（民法31条）から、相続が開始します。失踪宣告は、不在者の生死が7年間明らかでないとき（これを「普通失踪」といいます。）、又は戦地に臨んだ者、沈没した船舶の中に在った者その他死亡の原因となるべき危難に遭遇した者の生死が、それぞれ、戦争が止んだ後、船舶が沈没した後又はその他の危難が去った後1年間明らかでないとき（これを「特別失踪」といいます。）において、利害関係人の請求により、家庭裁判所が、失踪の宣告をすることになります（民法30条、家事事件手続法39条・別表一（56）・148条）。この場合における相続開始の時期は、普通失踪にあっては失踪期間が満了した時であり、特別失踪にあっては危難が去った時です（民法31条）。ちなみに、コンピュータ戸籍には、タイトル「失踪宣告」により、【死亡とみなされる日】及び【失踪宣告の裁判確定日】等のインデックスにより記録されます（法定記載例番号142参照）。

2　相続人の範囲と順位

　次の図は、相続人の範囲と相続の順位を簡単に示したものです。

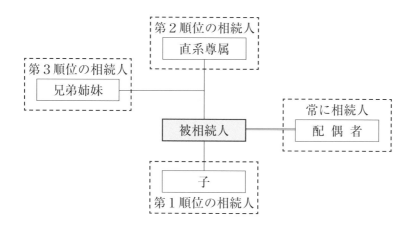

(1) 相続人の範囲

　我が国の民法は、法定相続制を採り、被相続人の意思（遺言）による相続人の指定を許しておらず、相続人の範囲を法律上画一的に定めています（法律で定めていますので「法定相続人」といいます。）。すなわち、民法が定める法定相続人の範囲は、まず、①被相続人の子は、相続人となる（民法887条1項）とし、被相続人の子が、相続の開始以前に死亡したとき等は、その者の子がこれを代襲して相続人となる（ただし、被相続人の直系卑属でない者はこの限りでない。）（同条2項・3項）としています。次に、②前記①の子がないときは、被相続人の直系尊属（親等の異なる者の間では、その近い者を先にするとしています。）が相続人となる（民法889条1項1号）としています。そして、③前記②の直系尊属がないときは、被相続人の兄弟姉妹が相続人となるとし、兄弟姉妹が相続の開始以前に死亡したときはその者の子が相続人となる（民法889条1項2号・2項）としています。また、被相続人に配偶者があるときは、配偶者は常に相続人となるとしています（民法890条）。

　そして、これらの法定相続人は、被相続人と血縁関係（法定血族（養親子）を含みます。）があることによって相続権が与えられる血族相続人と、被相続人の配偶者であることによって相続権が与えられる配偶者相続人（配偶相続人）の2系統に分類されます。

(2) 血族相続人の順位

　血族相続人の順位は、第1順位は子（子が死亡又は相続権を失ったときは、その者の子（被相続人の孫）が代襲相続人となります。）、第2順位は直系尊属（実親及び養親等）、第3順位は兄弟姉妹（兄弟姉妹が死亡しているときは、その者の子が代襲相続人となります。）となります。第1順位、第2順位、第3順位という意味は、子がある限り直系尊属や兄弟姉妹は相続人とならないということで

あり、子がないときに直系尊属が相続人となって兄弟姉妹は相続人とならず、子も直系尊属もないときにはじめて兄弟姉妹が相続人となるということです。

① 第1順位の血族相続人

ア 子

　被相続人の子は、全て相続人となります（民法887条1項）。実子・養子、性別、長幼、氏の異同、嫡出子・嫡出でない子、国籍の有無などの事情は、子の相続権に影響を与えませんし、子が数人あれば同順位で相続することになります。親子関係は、血縁関係だけではなく法律的親子関係がなければなりませんので、父と嫡出でない子との間の親子関係は、父の認知が必要となります（認知の有無は、戸籍の記載で確認できます（**注**）。なお、母と嫡出でない子との間の親子関係は、原則として母の認知をまたず、分娩の事実により当然発生するとされています（最判昭和37年4月27日民集16巻7号1247頁）。）。また、法律的親子関係があっても、日本国籍を喪失している場合又は届出がされていないこともあり、戸籍に記載がされていない場合もあります。例えば、外国籍しか有していない子がある場合（出生により外国の国籍を取得した日本国民で国外で生まれた子は、出生届とともに国籍留保の届出をしないことにより日本国籍を喪失します（国籍法12条、戸籍法104条参照）ので、そのような場合が考えられます。）は、当該国から発行される出生証明書等で親子関係を確認することになる場合もあります。

　なお、一親等の姻族である配偶者の連れ子は、被相続人の戸籍に同籍していたとしても養子縁組をしていない限り、ここでいう子には該当しませんので、相続人ではありません。

イ 子の代襲者

　被相続人死亡時に子が生存していれば被相続人から子が財産を相続し、孫は子からその財産を相続することになります。ところが、子が被相続人より前に死亡していると相続できないというのでは、子が被相続人より前に死亡するか後に死亡するかによって孫の立場は大きく変わってしまいます。そこで民法は、被相続人の子が、相続の開始以前に死亡したときは、その者の子がこれを代襲して相続人になる（民法887条2項本文）としています。この場合、被相続人より前に死亡した相続人、つまり代襲相続される人を被代襲者と、代襲して相続する人を代襲相続人といいます。

　代襲原因は、①被代襲者の相続開始以前に死亡したとき、②被代襲者が相続欠格となったとき（民法891条）、③被代襲者が廃除されたとき（民法892条・893条）です。しかし、相続の放棄（民法915条）は、代襲原因とはなり

ません。民法939条は、「相続の放棄をした者は、その相続に関しては、初め
から相続人とならなかったものとみなす。」と相続の放棄の効力を規定して
いるからです。

　ところで、養子の子についてはどうでしょうか。養子が被相続人の死亡以
前に死亡しているときに、養子に子が二人いた場合を考えてみましょう。一人
は、養子縁組前に出生した子で、もう一人は、養子縁組後に出生した子の
場合です。民法887条2項は、「被相続人の子が、相続の開始以前に死亡した
とき（中略）は、その者の子がこれを代襲して相続人となる。ただし、被相
続人の直系卑属でない者は、この限りでない。」としていますから、代襲要
件は、「被相続人の直系卑属である者」ということになります。そして、民
法727条は、「養子と養親及びその血族との間においては、養子縁組の日から、
血族間におけるのと同一の親族関係を生ずる。」と規定していますので、養
子となる者に縁組前の子があるときは、養子が養子縁組をしても養子の子と
養親及びその血族との間には何らの親族関係は生じません。したがって、養
子縁組前の養子の子は、被相続人の直系卑属ではありませんので、代襲相続
人から除かれることになります。

　それでは、次のような相続関係の場合、養子縁組前の子は、代襲相続人に
なれるのでしょうか。

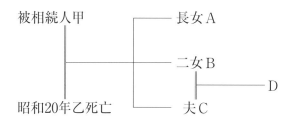

　①昭和25年に甲の二女Bと夫C婚姻、②昭和26年にB・C間の子D出生、
③昭和28年に甲と二女Bの夫Cとの養子縁組、④昭和30年に夫C死亡、⑤昭
和35年に甲が死亡した場合、DはCの相続分を代襲相続するかという照会に
対し、代襲相続するとしています（昭和35年8月5日民事甲1997号回答）。
回答要旨は、「被相続人甲の二女Bと養子Cの夫婦間に出生した子は、その
出生の時期が甲C間の縁組前であってもBを通じて甲の直系卑属に当たるか
ら、Cの死亡後に開始した甲の相続についてCの代襲相続人となる。」とい
うものです。

ウ　胎児

　　相続開始の時に、まだ権利能力を取得していない胎児は、論理上は相続能力がないはずですが、民法は、「胎児は、相続については、既に生まれたものとみなす。」と規定しています（民法886条1項）。しかし、生きて生まれることが前提ですので死んで生まれたときは胎児でしかなかったということになりますから、相続できないことになります（民法886条2項）。

②　第2順位の血族相続人

　　第2順位の血族相続人は、直系尊属（民法889条1項1号）です。一親等の直系尊属である実父母及び養父母も、二親等の直系尊属である祖父母にも固有の相続権があります。しかし、直系尊属の中では、親等に近い者が遠い者に優先して相続しますから（民法889条1項1号ただし書）、より近い親等の直系尊属が一人でもいれば、それより遠い親等の直系尊属は相続人にはなれません。なお、親等の同じ実父母と養父母、父方の祖父母と母方の祖父母が数人あるときは、同順位で相続人となります。

③　第3順位の血族相続人

　　第3順位の血族相続人は、兄弟姉妹です（民法889条1項2号）。兄弟姉妹が数人あるときは同順位で相続しますが、父母の双方を同じくする兄弟姉妹（全血の兄弟姉妹といいます。）と父母の一方のみを同じくする兄弟姉妹（半血の兄弟姉妹といいます。）があるときは、相続分が異なることになります（民法900条4号ただし書参照）。

　　また、被相続人が死亡したとき、相続人である兄弟姉妹が既に死亡していて相続できないときは、相続人である兄弟姉妹の子が相続人を代襲して相続します（民法889条2項）が、民法887条3項の規定が準用されていませんので、再代襲はありませんから、血族相続人は、被相続人の甥、姪までとなります。

　　第3順位の血族相続人の関係図は、次のようになります。

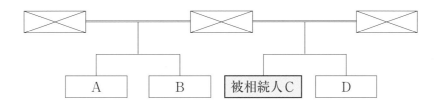

＊Dを被相続人Cと父母の双方を同じくする兄弟姉妹といい、A及びBを被相続人Cと父母の一方のみを同じくする兄弟姉妹といいます。なお、本図のA、B又はDが、Cの死亡以前に死亡しているときは、それぞれに子があるときは、

その子（被相続人の甥・姪）までが代襲相続人となり代襲相続します。

（注） 認知事項は、被認知者である子についてはその身分事項欄に認知者である父の氏名及びその戸籍の表示を、認知者である父についてはその身分事項欄に被認知者である子の氏名及びその戸籍の表示をそれぞれ記載します。ただし、父の認知事項の記載については、認知した当時の戸籍に記載しますが、その後、父が他の戸籍に入籍したとき、又は転籍等により父の戸籍が移動したときは、認知事項の記載は移記をしない取扱いです（戸籍法施行規則39条1項2号）。この取扱いは、昭和23年1月1日からのものですが、認知者（父）が被相続人の場合、死亡から出生までの連続した戸籍の一つの戸籍しか認知事項が記載されないことから、相続人である子の戸籍を確認する上で注意する必要があります。また、大正4年戸籍記載例は、その十一で「私生子認知ノ届出ニ因リ子カ父ノ家ニ入ル場合ニ於ケル認知ニ付テノ記載」は、「父ノ戸籍中子ノ事項欄」に記載するとして、父の身分事項欄には記載しないとしていました。これは、旧民法733条1項が「子ハ父ノ家ニ入ル」と規定していたからです。旧法中の戸籍の確認をするときは、これを見落とさないようにするため、戸籍の父母との続柄欄に注意する必要があります。当時の父母との続柄欄の記載は、「男」又は「女」としていました。

⑶　配偶者相続人の順位

　　配偶者は、前記⑵の血族相続人とは別個に、常にそれと並んで相続人となります（民法890条）。すなわち、配偶者は、第1順位から第3順位までの血族相続人があるときは、それらの者と同順位で相続人となり、血族相続人がなければ、単独で相続人となります。ここにいう配偶者とは、法律上の配偶者つまり婚姻届をしている夫婦の一方のことをいいます。内縁関係にある夫又は妻には、それぞれ相続権はありません。

⑷　相続人の類型

　　以上の第1順位から第3順位までの血族相続人の順位を踏まえて、被相続人に対する代表的類型をまとめると以下の14とおりになります**（注）**。第4の鈴木伝助家族を当てはめた一覧表は右綴じ（1）〜（2）頁に掲げていますので参考にしてください。

　　なお、ここで示す類型には、再転相続及び再代襲相続並びに数次相続の各相続における相続人の場合については、含めていません。

　　類型1　子のみが相続人の場合

　　類型2　子と被相続人の孫（代襲相続人）が相続人の場合

　　類型3　孫（代襲相続人）のみが相続人の場合

　　類型4　配偶者のみが相続人の場合

類型 5　子と配偶者が相続人の場合

類型 6　子と被相続人の孫（代襲相続人）と配偶者が相続人の場合

類型 7　直系尊属と配偶者が相続人の場合

類型 8　兄弟姉妹と配偶者が相続人の場合

類型 9　兄弟姉妹と甥・姪（代襲相続人）と配偶者が相続人の場合

類型10　甥・姪（代襲相続人）と配偶者が相続人の場合

類型11　直系尊属のみが相続人の場合

類型12　兄弟姉妹のみが相続人の場合

類型13　兄弟姉妹と甥・姪（代襲相続人）が相続人の場合

類型14　甥・姪（代襲相続人）のみが相続人の場合

（注）第1順位の子、その代襲相続人の孫から始めて、次に配偶者と各順位の相続人、第3順位の兄弟姉妹その代襲相続人の甥・姪の順に記載しています。

第2 相続と戸籍

　相続は人の死亡により発生し、その死亡者（被相続人）の権利義務は相続人に継承しますが、具体的な被相続人と相続人の証明は、戸籍の記載によって証明されることになります。

1　被相続人の死亡証明

　人が死亡したときは、死亡届をしなければなりません。日本国内においては、日本人であっても、日本に在住又は滞在する外国人であっても、届出義務者が死亡の事実を知った日から7日以内に死亡診断書又は検案書を添付して、①死亡の年月日時分及び場所②その他法務省令で定める事項を届書に記載して届出しなければなりません。また、外国に在住又は滞在する日本人であれば、届出義務者が死亡の事実を知った日から3か月以内に届出しなければなりません（戸籍法86条1項・2項）。

　また、届出義務者は、第1は同居の親族、第2はその他の同居者、第3は家主、地主又は家屋若しくは土地の管理人となります。その他の届出資格者は、同居の親族以外の親族、後見人、保佐人、補助人、任意後見人及び任意後見受任者が該当します（戸籍法87条1項・2項）。

　具体的な相続手続は、日本人の身分関係について公証する戸籍に、被相続人について死亡の届出に基づき死亡事項が記載されることによって、被相続人の死亡が証明され、相続の手続が開始されることになります。

2　相続人の特定

　被相続人の死亡が戸籍によって確認されると、被相続人について法定相続人を特定することになります。

　法定相続人の特定は、戸籍によって親族関係を確認することになります。具体的には子の有無を確認し、死亡時の配偶者の有無を確認の上、子が無い場合は、直系尊属の生存を確認し直系尊属が死亡している場合は、兄弟姉妹の有無、さらに兄弟姉妹の子の有無の確認へと進みます。

　親族関係は、大別すると親子関係と婚姻による夫婦関係になります。さらに、親子関係は出生によるものと養子縁組による法律による親子関係（法定親子関係）になりますが、それらは戸籍に記載（記録）された内容によることになります。

　被相続人の死亡時に、どのような親族関係があるかは、具体的には被相続人の死

亡事項が記載（記録）された戸籍から婚姻や養子縁組などの身分行為や転籍、分籍、氏の変更等による戸籍の移動をたどり、被相続人の出生届によって入籍（記録）した当時の戸籍までの連続した戸籍を一覧した上で確認することになりますから、戸籍の連続性（戸籍の入籍・除籍）さらに、改製、再製、移記の基礎的知識が必要になります。

第3　戸籍の基礎知識

　現在、戸籍は、磁気ディスクにより調製された戸籍（いわゆるコンピュータ戸籍）に記録されている事項について印字した書面を戸籍証明書として発行しています。その証明書は、現在の戸籍に関する内容の全部についての全部事項証明書、一部についての一部事項証明書に分けられます。また除かれた戸籍（除籍・戸籍法119条2項）についても同様に内容の全部についての全部事項証明書、一部についての一部事項証明書に分けられます（戸籍法120条1項、戸籍法施行規則73条1項・左側上部に「除籍マーク」が表示されます）。

　いわゆるコンピュータ化前の戸籍は、紙に記載された戸籍で編製され、現在戸籍をつづった戸籍簿で管理した上、その内容の全てを写した書面を謄本（戸籍謄本）、一部を写した書面を抄本（戸籍抄本）と定めていました（戸籍法10条1項）。また、戸籍に記載されていた全員を婚姻等の身分行為や死亡によりその戸籍から除いたときは、戸籍簿から除かれ戸籍欄外に「除籍」の表示がされ、除籍簿（戸籍法12条）につづられます。その内容の全てを写した書面を除籍謄本、一部を写した書面を除籍抄本とされました。

　「除籍」簿という用語は、以上のように一戸籍内の全員をその戸籍から除いた後に別につづられた戸籍の用語ですが、区別を要する用語として「除籍」があります。「除籍」という用語は、婚姻や死亡によりによって在籍中の戸籍から除かれる場合に、紙の戸籍においては、身分事項欄に「・・・除籍」と記載され名欄が朱線で交差されます（コンピュータ戸籍では、「戸籍に記録されている者」欄に「除籍マーク」が表示されます）。つまり、戸籍全体が除かれる場合も「除籍」という用語が使用され、戸籍から在籍者が除かれる場合も「除籍」という用語が使用されることになるので注意を要します。

　戸籍において人の出生から死亡をたどることは、具体的には死亡届等により死亡事項が記載（記録）された戸籍から出生届等により記載（記録）された当時の戸籍までをたどることになります。そしてたどる方法については、明治以降に確立された戸籍制度におけるいくつかの基礎知識が必要になります。

　その基礎知識を大別すると

　1　戸籍の様式と変遷

　2　戸籍の改製

　3　戸籍の再製

　　4　戸籍の連続性

　　5　戸籍記載の移記

　　6　戸籍記載例の変遷

に分けられます。

1　戸籍の様式と変遷

　　本書では、第4で掲げる鈴木伝助家族戸籍について、現在のコンピュータ戸籍から大正4年式戸籍までの変遷を取り上げます。

（1）　コンピュータシステムによる戸籍証明書

　①　コンピュータシステムによる戸籍証明書（記録事項証明書）の規格（A‒3戸籍（右綴じ（10）頁）等参照）

　　　コンピュータシステムによる戸籍証明書（記録事項証明書）の規格（A‒3戸籍（右綴じ（10）頁）等参照）は、以下のようになっています。

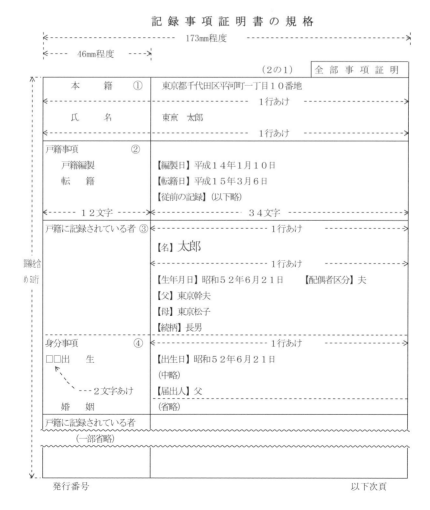

② コンピュータシステムによる戸籍証明書の各欄の名称

①欄は、「本籍・氏名」欄といい、まとめて「戸籍の表示」欄ということもあります。紙戸籍では、本籍を表示する「本籍欄」と筆頭者の氏名を表示する「筆頭者氏名欄」に対応します。

②欄は、「戸籍事項」欄といいます。紙戸籍では、戸籍編製事項等を記載する「戸籍事項欄」に対応します。

③欄は、「戸籍に記録されている者」欄といいます。紙戸籍では、「父母欄・氏名欄・生年月日欄等」（これをまとめて紙戸籍では、「身分事項欄下部全欄」といいます。）に対応します。

④欄は、「身分事項」欄といいます。紙戸籍では、出生事項・婚姻事項等を記載する「身分事項欄」に対応します。

③ タイトルと項目（インデックス）

戸籍事項欄及び身分事項欄では、記録した事件の種別、記録の内容及び原因等が一目で分かるように、記録事項ごとにその左側にタイトルが付されています。タイトル名には、戸籍事項欄の「戸籍編製」、「転籍」等、身分事項欄の「出生」、「養子縁組」、「婚姻」等のほか、戸籍事項欄及び身分事項欄に共通する、「訂正」、「更正」、「消除」等の処理を表すものもあります。

戸籍事項欄の項目名（インデックス）は、「戸籍が編製された日」、「戸籍が消除された日」、「氏の変更がされた日」、「転籍した日」等が一目で分かるように、それぞれ【編製日】、【消除日】、【氏の変更日】、【転籍日】等と分かりやすくしています。

身分事項欄の項目名（インデックス）は、各事件の種別ごとの記載例文を要素ごとに区分し、記載例を項目化し、分かりやすくしています。例えば、出生した日は【出生日】、婚姻の届出があった日は【婚姻日】等とし、また、項目の順序に従って並べていくことにより、紙戸籍の記載例にもそのまま引き直すこともできます。

(2) 昭和23年式戸籍

① 昭和23年式戸籍用紙の規格（A－2戸籍（右綴じ（12）頁）・B－1戸籍（右綴じ（16）頁）等参照）

昭和23年式戸籍用紙の規格は、戸籍法施行規則1条に「戸籍用紙は、日本産業規格B列四番の丈夫な用紙を用い、附録第一号様式によつて、これを調製しなければならない。但し、美濃判の丈夫な用紙を用いることを妨げない。」と規定され、記載欄は、一葉目の表面は一人分で10行、裏面は二人分で各9行ずつです。また、二葉目以下の記載欄は、表裏面とも各二人分で、各9行ずつです。

昭和二十三年式戸籍

（表面）

本　籍　①
　東京都千代田区平河町一丁目四番地
　　　　　　十番地

氏　名　②
　甲　野　義太郎

③
平成四年壱月拾日編製㊞
平成五年参月六日平河町一丁目十番地に転籍届出㊞

④昭和四拾年六月弐拾壱日東京都千代田区で出生同月弐拾五日父届出
入籍㊞
　父　⑥乙山啓太　⑧長男
　母　⑦恵子

昭和五拾年拾月弐拾日甲野幸雄同人妻松子の養子となる縁組届出
入籍㊞
東京都中央区小田原町三丁目一番地乙山啓太戸籍から入籍㊞
　⑪甲野幸雄松子　⑬養子
　⑫松子

平成四年壱月拾日乙野梅子と婚姻届出東京都千代田区平河町一丁目
四番地甲野幸雄戸籍から入籍㊞
　夫　⑤義太郎　⑨昭和四拾年六月弐拾壱日

令和参年壱月拾日妻とともに乙川英助を養子とする縁組届出同月
弐拾日大阪市北区長から送付㊞

令和五年壱月七日千葉市中央区千葉港五番地丙山竹子同籍信雄を認
知届出㊞
　夫　⑩

（裏面・一部省略）

令和参年六月六日丙野松子と婚姻届出同月拾日父届出入籍㊞
平成四年壱月弐日東京都千代田区で出生同月拾日父届出入籍㊞
　父　甲野義太郎
　母　梅子
　男　長

令和参年参月六日丙野松子と婚姻届出同月拾日横浜市中区長から送
付同区昭和町十八番地に夫の氏の新戸籍編製につき除籍㊞
　啓太郎（×）
　平成四年拾壱月弐日

② 昭和23年式戸籍用紙の各欄の名称

　①欄は、本籍欄といい、戸籍の所在場所である、行政区画、土地の名称及び地番号をもって表示しますが、地番号に代えて街区符号で表示することもできます（昭和51年11月５日民二第5641号通達三参照）。

　②欄は、筆頭者氏名欄といい、戸籍の筆頭に記載した人の氏名（戸籍の一葉目の表面に記載した人の氏名）を記載します。

　上記の①欄及び②欄を総称して、戸籍の表示欄ともいいます（戸籍法９条参照）。

　③欄は、戸籍事項欄といい、戸籍編製事項、転籍事項、氏変更事項など、戸籍内の各人に共通する戸籍全体に関する事項を記載します。記載欄は、上下各４行です。

　④欄は、身分事項欄といいます。この欄は、出生事項、養子縁組事項、婚姻事項等の身分に関する事項を記載します。一葉目は、表面と裏面とでは、記載

行数に違いがあります（上記参照）。

　⑤欄は、氏名欄といいますが、実際には名のみを記載しますので、一般的には名欄と説明されています（戸籍法13条１号は、戸籍には「氏名」を記載しなければならないとしていますので、氏名欄といいます）。また、明治31年戸籍法176条１号及び大正３年戸籍法18条１号も現行法と同様の規定で、この欄に名のみを記載するというのは、明治31年戸籍法施行当時からのものです。これは、同一戸籍内の者は全て呼称上の氏を同じくし、そして氏は筆頭者氏名欄に記載されていますから、この欄には氏を記載せずに名のみ記載するにとどめる取扱いがされています。

　⑥欄は、父欄といい、父の氏名を記載します。

　⑦欄は、母欄といい、母の氏名を記載しますが、紙戸籍の場合は、父母が婚姻中であるときは、母の名のみを記載するとしています。

　この⑥欄と⑦欄を合わせて、父母欄といいます。

　⑧欄は、父母との続柄欄といい、男子の場合は長（二）男と記載し、女子の場合は長（二）女と記載します。

　⑨欄は、出生年月日欄といいます。この欄には、当該名欄に記載した人の出生の年月日を記載します。

　⑩欄は、配偶欄といいます。この欄は、婚姻の際に夫婦双方の名欄の上部に線を引き、新たに欄を設け、それぞれ夫又は妻と記載します。

　⑪欄は、養父欄といい、養子縁組により養子となった者について新たに欄を設け、養父の氏名を記載します。

　⑫欄は、養母欄といい、養子縁組により養子となった者について新たに欄を設け、養母の氏名を記載します。

　⑬欄は、養父母との続柄欄といい、養子が男子の場合は「養子」と、養子が女子の場合は「養女」と記載します。

　なお、⑪欄又は⑫欄は、養親が養父又は養母のみのときは、養父欄又は養母欄のみを設けることになります。また、養父母が夫婦のときは、養母欄は養母の名のみを記載します。

　また、④欄（身分事項欄）の下部部分（⑤〜⑬欄）を総称して「身分事項欄下部全欄」ともいいます。

(3)　大正４年式戸籍

①　大正４年式戸籍用紙の規格

　　大正３年３月31日法律第26号として公布された戸籍法を改正する法律により、明治31年戸籍法が全部改正され、大正４年１月１日から施行されました。また、

大正 3 年10月 3 日司法省令第 7 号をもって戸籍法施行細則が公布されました。
この戸籍法施行細則は、戸籍法の施行と同時に大正 4 年 1 月 1 日から施行され、
この戸籍法施行細則に規定された戸籍が、大正 4 年式戸籍です。

　戸籍用紙の規格は、戸籍法施行細則 1 条に「戸籍用紙ハ日本標準規格 B 列四
番ノ強靭ナル用紙ヲ用ヰ附録第一号様式ニ依リ之ヲ調製スヘシ」と規定されて
います（なお、大正 4 年 1 月 1 日施行時の戸籍法施行細則 1 条は、「戸籍用紙
ハ強靭ナル美濃紙ヲ用ヰ附録第一号様式ニ依リ之ヲ調製スヘシ」と規定してい
ました。）。記載欄は、一葉目の表面は一人分で15行、裏面は二人分で各10行ず
つです。また、二葉目以下は、表裏面とも各二人分で、各10行ずつです。

（裏面・一部省略）

⑫麹町区元園町一丁目六番地戸主丙山忠吉二女戸主甲野義太郎姪

入籍届出大正参拾参年九月七日受附㊞
神奈川県橘樹郡橘村十番地丙川悌八ト婚姻大正参拾参年拾月壱
日橘村長山辺熊蔵受附同月参日送付除籍㊞

千葉県千葉郡千葉町六番地戸主乙川孝輔孫大正五拾五年参月四
日甲野義太郎孫百合子ト壻養子縁組婚姻届出同日入籍㊞

孫						姪	⑬		
出生	⑯養母	⑮養父	母	父	出生	⑭		母	父
大正参拾年五月五日	甲野	甲野	乙川	乙川	大正元年拾月五日	秋子		丙山	丙山
	孝之丞	礼二郎	亀子	孝二郎				冬子	忠吉
	藤子 壻養子⑰		二男					二女	

② 大正4年式戸籍用紙の各欄の名称

　①欄は、本籍欄といい、戸籍の所在場所である、行政区画、土地の名称及び地番号をもって表示します。

　②欄は、前戸主の氏名欄といい、家督相続で新戸籍を編製するときに前戸主の氏名を記載します。なお、分家により新戸籍を編製するときは、この欄は空欄となります。

　③欄は、戸主の事項欄といい、家督相続又は分家等による戸籍編製事項、転籍事項等戸籍の全部に係る事項を記載するほか、戸主の身分に関する事項や家族の復籍拒絶事項（戸籍法施行細則附録第4号戸籍記載例番号98～101）等を記載します。

　④欄は、額書欄といい、一葉目の表面のこの欄には、戸主と記載します。この額書欄は、戸籍法施行細則附録第1号様式には「戸主」と不動文字で印字調

大正四年式戸籍

（表面）

				③大正參年拾貳月參拾壹日前戸主仁吉死亡ニ因リ家督相續届出大正四年壹月拾日受附㊞	籍　　本　①
月拾日受附㊞ 丙川悌八ト婚姻ヲ為シタルニ因リ復籍拒絶届出大正參拾參年拾貳 姪萩子戸主義太郎ノ同意ヲ得スシテ神奈川県橘樹郡橘村十番地 乙野梅子ト婚姻届出大正四年拾壹月七日受附㊞ 麹町区麹町四丁目六番地ニ轉籍届出大正四年拾月六日受附㊞					東京市麹町区光園町十十甲主番地 麹町四丁目六番地

			主			戸	④	前戸 主②
				⑤	母	父	續柄 前戸主トノ ⑥⑪	
出生				甲 野 義 太 郎	⑧ 松子	⑦亡 甲 野 仁 吉	亡 甲 野 仁 吉 長男	甲 野 仁 吉
⑩明治拾八年六月貳拾日							長男 ⑨	

製されています。

　⑤欄は、戸主の氏名欄といい、戸主の氏名を記載します。

　⑥欄は、前戸主との続柄欄といい、戸主の死亡による家督相続で新戸籍を編製するときは、「亡甲野仁吉長男」等と記載します。

　⑦欄は、父欄といい、父の氏名を記載します。

　⑧欄は、母欄といい、母の氏名を記載しますが、紙戸籍の場合は、父母が婚姻中であるときは、母の名のみを記載するとしています。

　この⑦欄と⑧欄を合わせて、父母欄といいます。

　⑨欄は、父母との続柄欄といい、男子の場合は長（二）男と記載し、女子の場合は長（二）女と記載します。なお、嫡出でない子の場合は、男又は女と記載していました。

　⑩欄は、出生年月日欄といい、当該名欄に記載した人の出生の年月日を記載

します。

⑪欄は、族称欄といい、族称を記載していましたが、昭和18年8月26日司法省令第58号により削除され、空欄となりました。したがって、除籍謄本や改製原戸籍謄本等は、空欄として表示されます。

⑫欄は、家族の事項欄といい、家族の身分に関する事項を記載します。

⑬欄は、戸主との続柄欄といい、戸主との続柄、例えば、「母」、「妻」、「長男」、「婦」（注：長男・二男等の妻のこと）、「姪」等と記載します。

⑭欄は、家族の氏名欄といい、家族の名のみを記載します（前記(2)の⑤欄の説明参照）。また、戸籍法施行細則附録第1号様式附属雛形も、各人については、名のみ記載するひな形が示されています。

⑮欄は、養父欄といい、養子縁組により養子となった者について新たに欄を設け、養父の氏名を記載します。

⑯欄は、養母欄といい、養子縁組により養子となった者について新たに欄を設け、養母の氏名を記載します。

⑰欄は、養父母との続柄欄といいます。旧法中は、婿養子縁組婚姻が一般的でしたので、戸籍のひな形図は、婿養子と示しています。ただし、旧法中は、婿養子の「婿」という字体は、「壻」という字体が用いられていましたので、本戸籍図もそれによっています。当用漢字表（現行の「常用漢字表」）では、「壻」の字体は「婿」の字体を用いることとしているため、旧法中の「壻養子縁組婚姻」を移記する際は、「婿養子縁組婚姻」として移記するとしています（昭和23年1月13日民事甲第17号通達10・12参照）。

2 戸籍の改製

(1) 明治31年式戸籍の改製からコンピュータ戸籍への改製までの変遷

本書の第4においては大正4年式戸籍を始めとしていますが、大正4年式戸籍の一つ前の明治31年式戸籍の改製からの経緯を踏まえての変遷を取り上げます。

明治5（1872）年に始まる近代戸籍制度は、明治31（1898）年の民法第4編親族・第5編相続の制定に伴って根本的な改正が行われ、従来の戸口調査の性質を有していた戸籍は、身分登録の性質に改変されました（届出等があった場合は、まず身分登記簿に登記し、重要な身分事項を戸籍簿に転記するとの二本立ての制度でした（明治31年戸籍法15条・18条・178条））。これが「明治31年戸籍法」といわれるものであり、戸籍事務の所管庁も、内務省から司法省に移されました（現在は、地方分権の推進を図るための関係法律の整備等に関する法律（平成11年法律第87号。以下「地方分権一括法」といいます。）により、地方自治法2条

9項1号に規定する第1号法定受託事務とされています。地方分権一括法による改正前の戸籍事務は、国の機関としての市町村長が処理する機関委任事務とされており、戸籍法3条は、「戸籍事務は、市役所又は町村役場の所在地を管轄する法務局又は地方法務局の長がこれを監督する。」と規定していました。）。そして、大正3年の法改正（大正3年戸籍法）により、戸籍簿と身分登記簿の二本立ての制度が廃止され、戸籍簿に一本化されました。さらに、現行憲法の施行と関連し、昭和22年法律第222号として公布された民法の一部を改正する法律により、民法第4編親族及び第5編相続が全部改正され、同年法律第224号として公布された戸籍法を改正する法律により、大正3年戸籍法が全部改正され、両改正法は、昭和23年1月1日から施行されました。

　現在は、平成6年の戸籍法及び住民基本台帳法の一部を改正する法律（平成6年法律第67号）により、電子情報処理組織（以下「コンピュータシステム」といいます。）による戸籍事務を処理する制度が新設されたことにより、全国の市区町村においてコンピュータシステムによる事務処理が行われています。

　このように、明治5年から近代的戸籍制度が確立し、当初の戸籍用紙を用いて処理していた戸籍事務から現在のコンピュータシステムを用いて処理する戸籍事務まで、約150年の年月が経ちました。また、現在は、近代的戸籍制度当初の家族制度が廃止され、個人の身分登録制度へと変わり、それに伴い、戸籍の様式等も変更がされ、その都度戸籍の改製がされてきました。

　この戸籍の改製とは、通常、戸籍の様式が法律又は命令に基づき改められた場合に、それまでに従前の規定による様式で編製されていた戸籍を新しい様式や戸籍編製基準に合うように書き換えることをいいます。この書き換えによって除かれた従前の戸籍を、改製原戸籍といいます。改製原戸籍の「原戸籍」の読みは、「げんこせき」という場合と「はらこせき」という場合がありますが、実務家は、「はらこせき」と読む方が多いと思います。これは、現戸籍（現在戸籍の意）と区別するためではないかと思います。

　明治31年式戸籍は、大正3年戸籍法の施行（大正4年1月1日）によって、同法の規定による戸籍に改製すべきことになりますが、同法184条1項本文は、「旧法ノ規定ニ依ル戸籍ハ本法ノ規定ニ依ル戸籍トシテ其効力ヲ有ス」と規定していましたので、直ちに改製の必要はありませんでした。しかし、戸籍の様式が形式の問題である（戸籍編製基準が改正されたものではなく、様式の改正である）としても、新様式に符合させることが望ましいため、同法184条2項は、「司法大臣ハ前項ノ規定ニ拘ハラス本法ノ規定ニ依リ戸籍ヲ改製スヘキコトヲ命スルコトヲ得」と規定し、司法大臣が戸籍の改製を命令することができるとしていました。

この改製命令は、実際には発出されず、事情の許す市町村の上申に基づいて改製が認められていました（大正３年12月25日民第1863号回答一参照）。

　明治31年式戸籍で大正３年戸籍法施行当時に改製されなかったものは、昭和22年戸籍法（昭和22年法律第224号）が施行されても、同法128条１項（現行の戸籍法附則３条１項）の規定によって新法の戸籍としての効力を維持するものと認められていました（大正３年戸籍法184条１項本文において旧法戸籍とみなされてその効力を有していたからです。）ので、直ちに昭和23年式戸籍に改製すべきものとはされませんでした。

　改製に関する戸籍の記載は、改製により消除される原戸籍の戸主の事項欄は「年月日改製ニ付本戸籍ヲ抹消ス㊞」と、改製新戸籍の戸主の事項欄はその最終行に「司法大臣ノ命ニ依リ年月日本戸籍ヲ改製ス㊞」と戸主の事項欄のみに記載し、他の在籍者の事項欄には、改製の事由の記載は要しない取扱いとしていました（大正４年４月26日民第353号回答）。

⑵　大正４年式戸籍（明治31年式戸籍で昭和22年戸籍法施行前に改製されなかったものを含む）の改製

　前記のとおり、明治31年式戸籍で大正３年戸籍法施行当時に改製されなかったものは、昭和22年戸籍法（昭和22年法律第224号）が施行（昭和23年１月１日）されても、同法128条１項（現行の戸籍法附則３条１項）の規定によって新法の戸籍としての効力を維持するものと認められていましたので、直ちに昭和23年式戸籍に改製すべきものとはされませんでしたから、この明治31年式戸籍も含めた改製になります。

　昭和22年戸籍法６条は、「一の夫婦及びこれと氏を同じくする子ごと、又は配偶者がない者及びこれと氏を同じくする子ごとに、これを編製する。」と、戸籍編製基準を定めましたので、旧法戸籍とは戸籍編製基準を異にしますので、新法戸籍に適合させるためには、旧法戸籍が一戸籍の場合においても、一戸籍又は数戸籍に分解して改製するというのが、旧法戸籍を改製する際の特徴になります。これは、旧法戸籍が、戸主を中心に、その家に属する家族の一団によって編製されたものであったため、このように分解して改製することとなったものです。

　戸籍法128条１項ただし書（現行の戸籍法附則３条１項ただし書）は、「新法施行後10年を経過したときは、旧法の規定による戸籍は、法務省令の定めるところにより、新法によつてこれを改製しなければならない。」と規定しています。この改製作業の法務省令が、昭和32年６月１日付け法務省令第27号（戸籍法第128条第１項の戸籍の改製に関する省令。現行の「戸籍法附則第３条第１項の戸籍の改製に関する省令」）（注）です。この省令２条１項は、「市町村長は、昭和33年

4月1日に改製の事務に着手し、すみやかにこれを完了しなければならない。」
と規定していますから、昭和33年4月から全国的に改製作業が開始されました。

　　この改製作業は、第1次改製と第2次改製の2段階に分けて行われ、第1次改
製（簡易改製又は強制改製ともいいます。）は、昭和36年3月末日までに完了さ
せ（昭和32年6月1日民事甲第1002号通達記二参照）、第2次改製（任意改製と
もいいます。）は、第1次改製完了後速やかに実施すべきものとされました。第
2次改製は、昭和36年4月から開始され、その5年後の昭和41年3月末日までに
完了したということです。

　　それでは、第1次改製と第2次改製について、以下にその概要を説明します。
① 　第1次改製
　ア 　旧法戸籍のうちで、新法戸籍と内容を同じくする戸籍（筆者注：戸籍法6
　　　条の戸籍編製基準と同一の構成員で編製されている戸籍をいいます。）は、
　　　その戸籍の筆頭者（筆者注：筆頭者とは、戸籍の筆頭（最初）に記載（記
　　　録）した者のことをいいます（戸籍法9条・14条等参照）。旧法戸籍では、
　　　額書欄に「戸主」と記載されている者のことです。）の事項欄に「昭和参拾
　　　弐年法務省令第二十七号により昭和年月日本戸籍改製㊞」とのみ記載しまし
　　　た。

　　　新法戸籍と内容を同じくする戸籍とは、次の図のような構成員で記載され
　　　ている戸籍のことです。

図1

| | 長女 | 長男 | 妻 | 戸主 | 甲野 |

　　　図1の戸籍は、夫婦（戸主とその妻）と氏を同じくする子（長男・長女）
が構成員ですから、新法戸籍の編製基準と符合します。

図2

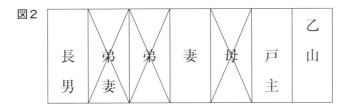

　　　図2の戸籍は、母及び弟とその妻が既に除籍されていますので、在籍して

いる構成員が新法戸籍の編製基準と符合します。

イ　旧法戸籍で新法戸籍と相容れない戸籍（筆者注：戸籍法6条の戸籍編製基準の構成員以外の者が同一戸籍に在籍している戸籍をいいます。）は、戸籍法6条・14条の定めるところにより、新戸籍を編製することとし、旧法戸籍に記載されている傍系親その他の者を取り出して新戸籍を編製し、その新戸籍の戸籍事項欄に「昭和参拾弐年法務省令第二十七号により改製昭和年月日同所同番地何某戸籍から本戸籍編製㊞」と記載し、改製による新戸籍の各人の身分事項欄には、改製による入籍事由を記載しない取扱いとされていました。また、改製新戸籍の筆頭に記載される者の事項欄には「改製により新戸籍編製につき昭和年月日除籍㊞」と記載し、この改製新戸籍の筆頭に記載される者とともに改製新戸籍に入籍する者の事項欄には「昭和年月日夫（妻）とともに除籍㊞」と記載し、父母に随い改製新戸籍に入る子の事項欄には「昭和年月日父母に随い除籍㊞」と記載しました。

上記の記載例については、昭和32年6月1日付け民事甲第1002号通達記七に示されています。

新法戸籍と相容れない戸籍とは、次の図のような構成員の戸籍のことです。

図3の1

長男	**弟妻**	**弟**	妻	**母**	戸主	内川

図3の1の戸籍は、母及び弟とその妻が在籍しています（ゴシック字体）ので、新法戸籍と相容れない戸籍になります。したがって、このような構成員の場合は、第1次改製により、次の図4及び図5のような新戸籍を編製します。

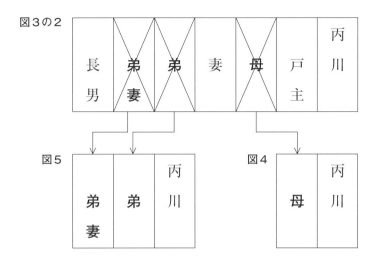

図３の２

図５

図４

　図４の戸籍は母について、図５の戸籍は弟及びその妻について、それぞれ第１次改製により編製した新戸籍になります。
ウ　イの作業を行うと旧法戸籍（上記図３の２）の在籍者については、新法戸籍と内容を同じくする戸籍となりますので、アの場合と同様な記載を、その戸籍の筆頭者（額書欄に「戸主」と記載されている者）の事項欄にするのみとしました。
②　第２次改製
　上記の第１次改製のうち、ア及びウにより簡易改製した戸籍を新法の戸籍用紙に書き換える作業を行いました。
　この場合の記載例は、改製新戸籍の戸籍事項欄に「昭和参拾弐年法務省令第二十七号により昭和年月日改製につき昭和年月日本戸籍編製㊞」と記載し、改製新戸籍の筆頭に記載される者の事項欄に「昭和参拾弐年法務省令第二十七号により昭和年月日あらたに戸籍を編製したため本戸籍消除㊞」と記載しました。この記載例については、昭和33年１月30日付け民事甲第210号通達記一の(3)に示されています。
　なお、改製原戸籍及び改製新戸籍の在籍者については、格別の事由の記載はしない取扱いでした（前記通達記一の(1)、(3)）。
③　第１次改製及び第２次改製の具体的な戸籍の記載
　第１次改製による戸籍記載例と第２次改製による戸籍記載例を戸籍のひな形（一部省略）で示すと次の図６（新法戸籍と内容を同じくする戸籍）と図７（新法戸籍と相容れない戸籍）のようになります。

図6-1 第一次改製（新法戸籍と内容を同じくする戸籍）の記載及び第二次改製による戸籍消除の記載

改製原戸籍

本籍　東京都千代田区平河町一丁目十番地

出生事項（省略）

婚姻事項（省略）

東京都千代田区平河町一丁目十番地戸主甲野義太郎弟分家届
昭和貳拾壹年拾月拾七日受附印

①昭和貳拾壹年法務省令第二十七号により昭和参拾参年四月壱
日あらたに戸籍を編製したため本戸籍消除印

日本戸籍改製印

②昭和参拾弐年法務省令第二十七号により昭和参拾六年七月拾

②の記載が、第二次改製によるものです。

①の記載が、第一次改製によるものです。

新本籍の場所の記載はありませんが、本戸籍の所在と同一場所が新本籍になります。

前戸主

柄続ノト　前戸主

父　亡　甲野幸雄

母　亡　松子

三男

甲野　寿三郎

出生　大正参年拾壹月貳拾八日

（注）戸籍法附則第3条第1項の戸籍の改製に関する省令（昭和32年法務省令27号抜粋）

第4条　旧法戸籍のうちその筆頭に記載した者及びその戸籍に在るその他の者の記載が戸籍法第6条及び第14条の規定に適合するものについては、その戸籍の筆頭に記載した者の事項欄に改製の事由を記載しなければならない。

　2　前項の戸籍については、同項の手続をした後、その戸籍の筆頭に記載した者及びその戸籍に在る者についてあらたに戸籍を編製することができる。この場合には、戸籍法施行規則（昭和22年司法省令第94号）第37条ただし書及び第39条第1項の規定を準用する。

図6-2　第二次改製による新戸籍編製の記載

第5条　旧法戸籍に在る者で、次に掲げる者以外のものについては、戸籍法第6条及び第14条の定めるところにより新戸籍を編製し、その戸籍事項欄に改製の事由を記載しなければならない。

　一　戸籍の筆頭に記載した者（その戸籍に在る者の子で、これと氏を同じくし、かつ、配偶者又は氏を同じくする子を有しない者を除く。）

　二　戸籍の筆頭に記載した者の配偶者

　三　戸籍の筆頭に記載した者又はその配偶者の子で、これと氏を同じくする者（配偶者又は氏を同じくする子を有する者を除く。）

　2　旧法戸籍に在る者について前項の規定により新戸籍を編製したときは、従

改製原戸籍

【右側の戸籍】

本籍	東京都千代田区平河町一丁目四番地
前戸主	亡甲野幸雄

出生事項（省略）

婚姻事項（省略）

昭和拾六年拾月弐拾八日前戸主幸雄死亡ニ因リ家督相続届出同年拾弐月参日受附㊞

①昭和参拾弐年法務省令第二十七号により昭和参拾参年拾壱月壱日本戸籍改製㊞

②昭和参拾弐年法務省令第二十七号により昭和参拾七年六月四日あらたに戸籍を編製したため本戸籍消除㊞

①の記載が、第二次改製によるものです。

②の記載が、第二次改製によるものです。

ありませんが、本戸籍の所在と同一場所が新本籍になります。

	戸主	甲野義太郎
前戸主ノ続柄		長男
父	亡甲野幸雄	
母	亡松子	長男
出生	明治参拾四年四月壱日	

【左側の戸籍】

出生事項（省略）

婚姻事項（省略）

①改製により新戸籍編製につき昭和参拾参年拾壱月拾壱日除籍㊞

①の記載が、第一次改製によるものです。新本籍の場所の記載はありませんが、本戸籍の所在と同一場所が新本籍になります。

	弟
父	亡甲野幸雄
母	亡甲野松子　二男
	敬二郎
出生	明治四拾弐年拾月五日

前の戸籍の筆頭に記載した者の事項欄に改製の事由を記載しなければならない。この場合には、前条第２項の規定を準用する。

26

図7−2　第一次改製による新戸籍編製の記載

本　籍	氏　名
東京都千代田区平河町一丁目四番地	甲野　敬二郎

①昭和参拾弐年法務省令第二十七号により改製昭和参拾参年拾壱月拾壱日同所同番地甲野義太郎戸籍から本戸籍編製㊞	①の記載が、第一次改製によるものです。従前戸籍の表示は、同所同番地甲野義太郎ですから、東京都千代田区平河町一丁目四番地甲野義太郎戸籍が従前戸籍になります。

			父	亡 甲　野　幸　雄	
婚姻事項（省略）			母	亡　松　子	二男
出生事項（省略）		夫		敬　二　郎	
		生出		明治四拾弐年拾月五日	

第一次改製による新戸籍編製の記載

④ 昭和23年式戸籍（紙戸籍）からコンピュータ戸籍への改製

　平成6年の戸籍法等の一部改正（平成6年法律第67号。平成6年12月1日施行）により、コンピュータシステムを使用して戸籍事務を処理する制度が新設されました。これにより戸籍事務もコンピュータシステムにより処理することができるようになり、平成7年3月13日に第1号のコンピュータ化庁が誕生しました。

　市区町村が戸籍事務にコンピュータシステムを導入するについては、当該市区町村長からの申出に基づいて、法務大臣が指定するという仕組みが採られ（戸籍法118条）、この法務大臣の指定は、官報をもって告示されました（同条2項、平成6年11月16日民二第7000号通達第1の3⑴）。

　上記の指定を受けた市区町村長は、コンピュータシステムを用いて戸籍事務を処理するためには、紙により調製されている戸籍を磁気ディスクをもって調製される戸籍に改製しなければなりません（平成6年法務省令第51号戸籍法施行規則の一部を改正する省令（以下「改正省令」といいます。）附則2条1項）。この改製は、紙の戸籍に記載されている事項を磁気ディスクの戸籍に移記することにより行われますが、戸籍法施行規則37条ただし書に掲げる事項は省略することができるとしています（改正省令附則2条2項）。

　なお、コンピュータシステムによる取扱いに適合しない戸籍は、改製の対象から除外されることになりました（戸籍法118条1項ただし書、戸籍法施行規則69条。適合しない戸籍に該当する戸籍は、平成6年11月16日民二第7000号通達第7の1⑵（現第1の2⑴から⑷）に例示されています。）。

　昭和23年式戸籍をコンピュータ戸籍に改製する場合は、磁気ディスクをもって調製する戸籍の戸籍事項欄の相当部分に、その旨を記録しなければならないとされました（平成6年11月16日付け民二第7000号通達第7の1⑷）。この記録を記録事項証明書に記載する場合の記載例は、

　　　「戸籍改製【改製日】平成○年○月○日
　　　　　　　【改製事由】平成6年法務省令第51号附則第2条第1項による改製」

としています。また、戸籍の改製に関する事項は、戸籍事項欄に記載しなければならないとしていますが（戸籍法施行規則34条6号）、コンピュータ戸籍に改製する場合には、従前の戸籍（改製原戸籍になる昭和23年式戸籍）にする改製に関する事項の記載は、その初葉の欄外にすることができるとしています（改正省令附則2条3項、同通達第7の1⑸）。この場合の記載例は、「平成六

年法務省令第五一号附則第二条第一項による改製につき年月日消除㊞」とし、この戸籍の初葉の右側欄外上部に次の印を押捺することは、差し支えないとしています。

　　　　　　┌──────────┐
　　　　　　│　改製原戸籍　│　（注：縦の印判）
　　　　　　└──────────┘

3　戸籍等の再製

　戸籍等の再製とは、戸籍等が滅失した場合に、その滅失前の戸籍等を回復するという再製手続、及び滅失のおそれがある戸籍等について、これを新たな用紙に移記してする再製手続並びに訂正事項の記載のある戸籍等を訂正事項の記載のない戸籍等にする申出による再製手続をいいます。

⑴　戸籍等の滅失再製

　戸籍等の滅失は、火災、水害、その他自然的又は人為的の諸種の原因によって生じます。そして、その滅失が生ずるのは、戸籍等の全部にわたる場合と一部の場合がありますが、いずれの場合も、市区町村長は、管轄法務局に報告しなければならないとしており（戸籍法施行規則９条１項）、法務大臣が戸籍等の再製について必要な処分を指示することになっています（戸籍法11条・12条２項）。この滅失とは、戸籍等の全部又は一部が、その原形を失ったときだけではなく、戸籍用紙を用いていた当時は、使用頻度が多い戸籍等にあっては、戸籍記載の一部の数文字部分が摩耗してしまったときや掛紙の一部が滅失したときもあり、また、複写機により謄抄本を作成していた当時は、戸籍等の原本が機械に巻き込まれ、その一部を破損してしまったときなども一部の滅失になります。

　戸籍等の滅失再製のうち、一番多い滅失原因は、戦災焼失によるものではなかったかと思います。再製された戸籍等であるか、また、どのような滅失原因によって再製したかについては、戸籍事項欄又は戸主の事項欄の記載により分かります。例えば、戦災焼失により滅失したときは、戸籍事項欄に「戸籍編製年月日」を記載し、改行の上、「年月日焼失ニ付キ年月日再製」（第４　鈴木伝助Ａ－１大正４年式戸籍参照）と記載されており、「再製」との記載がありますが、戸籍としての効力そのものには変わりはありません。この戦災滅失により再製した戸籍等を必要とするのは、戦前に出生した方がお亡くなりになり、相続が発生した場合ですが、戦災により滅失した除籍には、再製されていないものもあります。これは、再製すべき資料（除籍簿）が戦災により焼失したためであり、また、除籍副本を保管していた当時の監督区裁判所（現法務局）も戦災にあったためです。この場合は、市区町村長からその旨の証明書（告知書等）が発行されます。証明

文は、例えば、「上記（除籍の表示）の除籍簿及び東京法務局に保管の副本は、昭和○○年○月○日に戦災で焼失しました。このため再製することができませんので、除籍の謄本は交付できません。」というものです。この証明書（告知書等）は、法定相続情報一覧図を作成し、法務局へ申出する際にも必要となる場合があります。

(2)　戸籍等の滅失のおそれがあるときの再製

　　戸籍等の全部又は一部が滅失までには至りませんが、滅失のおそれがあるときは、(1)の場合と同様、市区町村長は、管轄法務局に報告しなければならないとしており（戸籍法施行規則９条３項）、法務大臣が戸籍等の再製について必要な処分を指示することになっています（戸籍法11条・12条２項）。

　　この滅失のおそれがあるときの再製で一番多い事例は、戸籍用紙の粗悪を原因とするものです。ご承知のように、戦後においては、物資が不足し、戸籍法施行規則に定める丈夫な用紙も不足していた時代があり、昭和30年代半ばになってから、全国の市区町村において、用紙が粗悪のため滅失のおそれがある戸籍の再製作業が始まりました。また、戸籍記載の訂正ある戸籍をそのまま放置することが、社会通念上著しく不当であると認められるとき（出生と記載すべきところを死亡と記載し、訂正した場合等）は、関係人の申出により戸籍の再製手続をとって差し支えないとした、昭和46年12月21日付け民事甲第3589号通達（以下「通達再製」といいます。）があり、この通達再製により、戸籍を再製する場合がありましたが、この通達は、平成14年の戸籍法の一部を改正する法律により新設された戸籍法11条の２第２項に取り込まれました。

(3)　訂正の記載のある戸籍等の申出による再製

　　虚偽の届出等によって不実の記載がされ、かつ、その記載について訂正がされた戸籍等について、戸籍における身分関係の登録及び公証の機能をより十全なものとするとともに、不実の記載等の痕跡のない戸籍の再製を求める国民の要請にこたえるため、戸籍等の申出による再製（以下「申出再製」といいます。）制度を導入するための「戸籍法の一部を改正する法律（平成14年法律第174号）」及びこれに伴う「戸籍法施行規則の一部を改正する省令（平成14年法務省令第59号）」が、平成14年12月18日から施行されています。この申出再製の場合も、前記(1)及び(2)の場合と同様、市区町村長は、管轄法務局に報告しなければならないとしており（戸籍法施行規則10条）、法務大臣が戸籍等の再製について必要な処分を指示することになっています（戸籍法11条の２・12条２項）。

　　なお、申出再製の要件は、戸籍法11条の２第１項と第２項では、次のとおり違

いがあります。

① 戸籍法11条の2第1項の申出再製の要件

　第1項の申出再製の要件は、(i)虚偽の届出等若しくは錯誤による届出等又は市町村長の過誤により戸籍等に不実の記載がされたこと、(ii)戸籍訂正手続により不実の記載について訂正がされていること、(iii)当該戸籍に記載されている者から申出があったことです。

② 戸籍法11条の2第2項の申出再製の要件

　第2項の申出再製の要件は、(i)戸籍に記載するに当たって文字の訂正、追加又は削除がされ、戸籍法施行規則31条4項の規定による処理（「欄外訂正」）がされていること、(ii)当該戸籍に記載されている者から申出があったことです。

　なお、この第2項の申出再製手続は、コンピュータ戸籍には「欄外訂正」の概念はありませんので、実質的には適用されません。また、前記(2)で説明した通達再製は、この第2項に包括的に取り込まれたことになります。

4　戸籍の連続性

(1)　入籍と除籍の記載による戸籍の連続性

　戸籍の記載による戸籍の連続性とは、戸籍記載の工夫により、人の出生から死亡までを戸籍でたどることができる工夫のことです。戸籍の記載による戸籍の連続性という用語は、あまり耳慣れない用語であるかも知れませんが、本項では、この用語を用いることにします。

　婚姻の届出による戸籍の記載を例に説明すると、婚姻の届出により、夫婦について新戸籍を編製するとしています（戸籍法16条1項本文）。この場合は、当該新戸籍の戸籍事項欄に編製年月日を記載し、夫及び妻の各身分事項欄に婚姻の届出により他の戸籍から入籍した旨、例えば夫の身分事項欄には、「年月日乙野梅子と婚姻届出東京都千代田区平河町一丁目4番地甲野幸雄戸籍から入籍」と記載します。この婚姻による新戸籍編製の年月日は、新戸籍を編製する地の市区町村長にその届出をした日又はその届書がその地の市区町村長に送付された日になります。また、夫又は妻となる人の婚姻前の戸籍には、婚姻の届出により新戸籍を編製したためその戸籍から除かれた旨を記載します（戸籍法23条）。この場合、例えば、夫の身分事項欄の記載は、「年月日乙野梅子と婚姻届出東京都千代田区平河町一丁目4番地に夫の氏の新戸籍編製につき除籍」と記載します。このように、新戸籍には、「……番地何某戸籍から入籍」と、婚姻前の戸籍には、「……番地に夫の氏の新戸籍編製につき除籍」と記載します。すなわち、文末に記載する

「入籍」と「除籍」という用語を用いることにより前後の戸籍のつながりを明確化し、戸籍を探索できる機能（検索機能）を有しているということになります。

　次に、この婚姻をした夫婦が離婚をした場合については、婚姻によって氏を改めた者が、離婚によって婚姻前の氏に復するとき若しくはその戸籍が既に除かれているとき又はその者が新戸籍編製の申出をしたときは、新戸籍を編製するとしています（戸籍法19条1項）。したがって、婚姻によって氏を改めた者の婚姻中の身分事項欄の記載は、婚姻前の戸籍に戻るときは「年月日夫義太郎と協議離婚届出……番地何某戸籍に入籍につき除籍」と、新戸籍を編製するときは「年月日夫義太郎と協議離婚届出……番地に新戸籍編製につき除籍」と記載します。また、復籍する戸籍又は新戸籍には、いずれも「年月日夫甲野義太郎と協議離婚届出……甲野義太郎戸籍から入籍」と記載します。すなわち、婚姻の場合と同様、文末に記載する「除籍」と「入籍」という用語を用いることにより前後の戸籍のつながりを明確化し、戸籍を探索できる機能（検索機能）を有しているということになります。

⑵　転籍の記載による転籍後と転籍前の戸籍の連続性

　転籍とは、戸籍の所在場所である本籍を移転することです（戸籍法108条）。転籍の届出の記載は、管外転籍及び管内転籍とも戸籍事項欄にすることになります（戸籍法施行規則34条3号）。管外転籍によってその戸籍は、消除されることになります。転籍後の戸籍には、「年月日千葉市中央区千葉港5番地から転籍届出」（この戸籍の本籍欄の所在場所は、「東京都千代田区西神田一丁目4番地」です。）と、転籍前の戸籍には、「年月日東京都千代田区西神田一丁目4番地に転籍届出月日同区長から送付消除」（この戸籍の本籍欄の所在場所は、「千葉市中央区千葉港5番地」です。）と記載します。したがって、この転籍の記載が、前後の戸籍のつながりを示すことになります。

⑶　戸籍様式の改製の記載による改製前後の戸籍の連続性

　戸籍様式の改製の記載による改製前後の戸籍（改製原戸籍と改製新戸籍）の連続性については、「2　戸籍の改製」に説明していますので、その説明をお読みください。

5　戸籍記載の移記

⑴　戸籍記載の移記とは

　新戸籍は、一の市町村から他の市町村に転籍する場合（管外転籍）と養子縁組や婚姻等の身分行為、分籍や離婚による婚氏続称等の届出により編製されます。

これら新戸籍を編製する場合に従前戸籍の戸籍事項欄及び身分事項欄に記載されている事項を移記することを戸籍記載の移記といいます。また、養子縁組や婚姻等の身分行為によって他の戸籍に入る者については、従前戸籍の身分事項欄に記載されている事項を入籍する戸籍に記載することも戸籍記載の移記といいます。

　　現行の戸籍法施行規則37条は、管外転籍の場合に移記しなければならない事項を規定し、同39条は、新戸籍を編製され、又は他の戸籍に入る者について、必ず記載をしなければならない事項について規定しています。

⑵　旧戸籍法施行中の取扱い

　　大正３年戸籍法施行中（大正４年１月１日から昭和22年12月31日まで）の新戸籍編製については、戸籍法施行細則（大正３年司法省令第７号）14条２項の規定「新ニ戸籍ヲ編製スルトキハ戸主及ヒ家族ノ身分ニ関スル事項ニシテ基本タル戸籍ニ記載シタルモノハ之ヲ新戸籍ニ記載スヘシ」及び管外転籍する場合の新戸籍に移記すべき事項については、同15条の規定「（前略）届書ニ添附シタル戸籍ノ謄本ニ記載シタル事項ハ婚姻其他ノ事由ニ因リ除籍者ニ関スルモノヲ除ク外之ヲ転籍地ノ戸籍ニ記載スヘシ」に基づき、基本的には従前戸籍に記載されていた事項は全てこれを移記する取扱いがされていました。

⑶　現行戸籍法施行後の取扱いの変遷

①　戸籍事項欄の移記

　　管外転籍の場合の取扱いについては、施行当時の戸籍法施行規則37条は、新戸籍の編製に関する事項（戸籍法施行規則34条１項）は移記事項としていました。したがって、婚姻により新戸籍を編製した後に管外転籍をした場合は、

・転籍前の戸籍の戸籍事項欄

　　「婚姻の届出により昭和参拾年四月拾日夫婦につき本戸籍編製㊞」

・転籍後戸籍の戸籍事項欄

　　「婚姻の届出により昭和参拾年四月拾日夫婦につき本戸籍編製㊞」

　　「東京都千代田区平河町一丁目四番地から転籍甲野義太郎同人妻梅子届出昭和参拾五年五月壱日受附㊞」

　　この取扱いは、昭和35年法務省令第40号（昭和36年１月１日施行）により改正され、新戸籍編製に関する事項は、移記事項ではなくなりました。

②　身分事項欄の移記

　　重要な身分事項の移記については、施行当時の戸籍法施行規則39条１項は、「新戸籍を編製され、又は他の戸籍に入る者については、その者の身分に関する重要な事項で従前の戸籍に記載したものは、新戸籍又は他の戸籍にこれを記

載しなければならない。」と規定しました。さらに、この重要な身分に関する事項については、次の通達が発出されました。

昭和23年１月13日付け民事甲第17号通達（改正戸籍法の施行に関する件）の記(11)は、「規則第三十九條の規定によつて移記すべき身分に関する重要な事項とは、概ね次の事項である。

　　　一　出生に関する事項

　　　二　子について、認知に関する事項

　　　三　養子について、現に養親子関係の継続するその養子縁組に関する事項

　　　四　夫婦について、現に婚姻関係の継続するその婚姻に関する事項

　　　五　現に無能力者である者についての親権、後見又は保佐に関する事項

　　　六　推定相続人の廃除に関する事項で未だその取消のないもの

　　　七　国籍の取得に関する事項

なお、新戸籍編製の場合に、従前の戸籍の戸籍事項欄に記載した事項は、これを移記するに及ばない。但し、転籍による戸籍編製の場合は、規則第三十七條の規定による。」

この通達の取扱いにより前記のように転籍後の戸籍事項欄の記載がされていました。

ここで注意する必要がある点は、認知事項と養子縁組事項です。認知事項については、認知届出時は父（認知者）と子（被認知者）各々の戸籍に記載しますが、その後、子（被認知者）の戸籍について、管外転籍又は身分行為により戸籍が編製された場合や他の戸籍へ入籍した場合は認知事項を移記しますが、父（認知者）が他の戸籍に入籍する場合等は認知事項を移記しません。また、養子縁組事項については、養子縁組届出時は養親及び養子各々に縁組事項を記載しますが、その後の戸籍の変動については、養子について当該縁組事項を移記しますが、養親については移記しません。

③　昭和42年法務省令第14号による規則改正

この規則改正の取扱いについては、昭和42年３月16日付け民事甲第400号通達が発出され、同通達記四の(一)は「従来本職通達、回答及び当局所管課長の回答等によつて、新戸籍を編製され、又は他の戸籍に入る者について、その者の従前の戸籍に記載した身分事項のうち、新戸籍又は入るべき戸籍に移記すべきものとして取り扱われていた事項を整理し、これを「規則」で明らかにしたものである（省略）」と説明しています。したがって、この改正後は、現行の規則の規定による取扱いがされています。

　　また、戸籍の訂正に関する事項は、全て移記を要しないことに改められました。

④　昭和54年法務省令第40号による規則改正

　　昭和54年8月21日付け民二第4390号通達が発出され、同通達は、記載例改正前の戸籍の記載を改正後に移記する場合において、新記載例に引き直して記載できるものについては、これを新記載例によって移記して差し支えないものとしています。

　　これによって、改正前の記載例により届出人の氏名が記載されていた事項を改正後の記載例により届出人の氏名を記載しない等の移記がされるようになりました。

⑷　移記を要しない事項

　　新戸籍を編製する場合又は他の戸籍に入籍する場合における移記を要しない事項については、以下のとおりです。

①　戸籍事項欄

　　管外転籍、婚姻、養子縁組等の届出があったときに、新戸籍が編製されますが、戸籍法施行規則37条1号は、「第三十四条第一号、第三号乃至第六号に掲げる事項」は記載を要しないとしています。したがって、転籍後の新戸籍の戸籍事項欄には、従前戸籍の戸籍事項欄に記載されている新戸籍の編製に関する事項、転籍に関する事項、戸籍の全部に係る訂正に関する事項及び戸籍の再製又は改製に関する事項は移記を要しないことになります。

②　身分事項欄

　　身分事項欄の移記については、戸籍法施行規則39条1項1号から9号までに規定されていますので、当該の規定以外の身分事項は移記を要しないことになります。また、前記のように新記載例に引き直しできるものは、引き直して移記することになりますので、重要な身分事項の移記であってもその一部について移記を要しないことになります（出生事項中、届出人について「届出人父甲野義太郎」である場合、氏名を移記しないで「届出人父」とする等）。

⑸　戸籍事項欄の移記事項

　　戸籍事項欄の記載について移記を要する場合は、届出によるときは管外転籍の場合が挙げられ、コンピュータ戸籍へ改製の場合と戸籍の再製の場合も該当しますが、ここでは管外転籍の場合を取り上げます。

　　前記のように管外転籍の場合の移記については、戸籍法施行規則34条2号に該当する「氏の変更に関する事項」が移記を要する事項となります。

氏の変更に関する事項は、①戸籍法69条の2の氏変更、②戸籍法73条の2の氏変更、③戸籍法75条の2の氏変更、④戸籍法77条の2の氏変更、⑤戸籍法107条1項の氏変更、⑥戸籍法107条2項の氏変更、⑦戸籍法107条3項の氏変更、⑧戸籍法107条4項の氏変更が該当し、全て移記を要することになります。

⑹　身分事項欄の移記事項

　　身分事項欄の移記事項については、戸籍法施行規則39条1項1号から9号までに規定されています。前記⑶の昭和23年1月13日付け民事第17号通達を基本としていますが、現在までの民法及び戸籍法の改正の経緯並びに新しい法律の成立を踏まえ以下のようになっています。認知事項と養子縁組事項の移記についての留意点は、従前と同様です。

　　一　出生に関する事項

　　二　嫡出でない子について、認知に関する事項（注）

　　三　養子について、現に養親子関係の継続するその養子縁組に関する事項

　　四　夫婦について、現に婚姻関係の継続するその婚姻に関する事項及び配偶者の国籍に関する事項

　　五　現に未成年者である者についての親権又は未成年者の後見に関する事項

　　六　推定相続人の廃除に関する事項でその取消しのないもの

　　七　日本の国籍の選択の宣言又は外国の国籍の喪失に関する事項

　　八　名の変更に関する事項

　　九　性別の取扱いの変更に関する事項

　（注）嫡出でない子の戸籍における父母との続柄欄の記載については、従前「男」「女」と記載していましたが、平成16年11月1日付け民一第3008号民事局長通達が発出され、嫡出でない子の出生の届出がされた場合には、子の父母との続柄は、父の認知の有無にかかわらず、母との関係のみにより認定し、母が分娩した嫡出でない子の出生の順により、「長男（長女）」、「二男（二女）」等と記載するものとされました。また、既に戸籍に記載されている嫡出でない子の父母との続柄「男（女）」の取扱いについては、その記載を「長男（長女）」、「二男（二女）」等の記載に更正する申出があった場合には、市区町村長限りで更正するものとされました。

6　戸籍記載例の変遷

　　現在の戸籍はコンピュータ化されたため、出生や死亡、婚姻や養子縁組などの各事項の入力については、一般的には自動的に入力事項が明示されることになりますが、紙戸籍の時代にあっては、全国の市区町村の戸籍事務所において統一した戸籍

用紙の規格、統一した戸籍の記載をするということにより、人の出生から、婚姻・養子縁組等の身分行為をはじめ、死亡までをたどることのできる工夫された戸籍の記載が必要とされ、そのために記載例を示す必要がありました。

⑴　戸籍記載例の改正経緯

　　戸籍記載例の改正は、大きく分けると、①明治31年記載例、②大正４年記載例、③昭和23年記載例、④昭和45年記載例、⑤昭和54年記載例、⑥平成２年記載例、⑦平成６年記載例（コンピュータシステムによる証明書記載例）になります。このうち、①から⑥までがいわゆる紙戸籍の記載例ということになり、⑦のコンピュータシステムによる証明書記載例は、戸籍事務を電子情報処理組織を用いて処理するものです（以下、⑦のコンピュータシステムによる証明書記載例を、ここでは「コンピュータ戸籍」といいます。）。

　　最初の記載例は、①明治31年記載例です。明治31年戸籍法は、第２章で「身分登記簿」について、第５章で「戸籍簿」について、それぞれ規定していました。このように身分登記簿と戸籍簿の両制度を併用し、明治31年司法省訓令第５号で戸籍取扱手続を規定し、同手続１条で身分登記簿の用紙と登記例を、同２条で戸籍簿の用紙と戸籍記載例が初めて示されました。この戸籍取扱手続附録第３号に示された戸籍記載例が、明治31年記載例ということになります。

　　次が、②大正４年記載例です。大正３年戸籍法（大正３年法律第26号、大正４年１月１日施行）の施行により、明治31年戸籍法の身分登記簿と戸籍簿を併用した制度が廃止され、戸籍記載例も明治31年記載例よりも具体的なものとなり、戸籍法施行細則が制定（大正３年司法省第７号）され、同細則12条３項は、「事項欄ノ記載ハ附録第四号記載例ニ従ヒ事件毎ニ行ヲ更メテ之ヲ為スヘシ」として附録第四号に戸籍記載例として示されました。

　　次が、③昭和23年記載例です。この記載例の改正は、旧法の家制度の廃止等に伴い、身分登録の公証制度も大きく変わり、戸籍の編製単位も「一の夫婦とこれと氏を同じくする子」を編製単位とされ、戸籍の記載例も戸籍法施行規則（昭和22年司法省第94号）により全面的に改正されました。

　　次が、④昭和45年記載例です。昭和23年記載例では、戸籍の記載には、届出人の資格と氏名を記載することとされていましたが、この記載例の改正（昭和45年法務省令第８号）は、事務の簡素化（戸籍記載の経済性）から、父又は母が届出人の場合は氏名の記載は除くこととされました（父母の氏名は戸籍の父母欄の記載で分かるからです。戸籍法施行規則30条２号参照）。併せて、出生の場所及び死亡の場所等については、最少行政区画までを表示することとしたものです。ま

た、この省令改正により、法定記載例が全面的に見直され、前記の法務省民事局長通達により、別途参考記載例が示されました。参考記載例は、法定記載例を補充するもので、特殊事例を示したものです。

　次が、⑤昭和54年記載例です。この記載例の改正（法務省令第40号）は、国民のプライバシーの保護と事務の簡素合理化を図る観点から、従来の戸籍記載例の基本形態を維持しながら、しかも戸籍の公示機能及び検索機能を損なわない範囲において所要の改正がされたものです。また、昭和54年以後も何度か記載例の細かい改正はありますが、この昭和54年記載例が、紙戸籍の記載例の集大成として確立したものと思います。

　次が、⑥平成２年記載例です。この記載例の改正（平成２年法務省令第５号）は、改元（「昭和」から「平成」）に伴い、元号を改めたものが大半です。また、令和元年記載例（令和元年法務省令第４号）も同様です（「平成」から「令和」）。

　最後に、⑦平成６年記載例です。これは、戸籍法等の一部を改正する法律（平成６年法律第67号、平成６年12月１日施行）により、戸籍事務を電子情報処理組織、いわゆるコンピュータシステムにより処理することが認められ、平成６年法務省令第51号によりコンピュータシステムによる証明書記載例が設けられました。

　なお、紙戸籍の記載例は、本来は縦書きですが、本項では、横書きで示すことにします。また、戸籍に記載する文字は、現行戸籍法施行規則31条２項は、「年月日を記載するには、壱、弐、参、拾の文字を用いなければならない。」と規定しています（なお、従来から戸籍に時分を記載する場合は、多角文字を用いるとしています（大正３年12月28日民893号回答）。）。そして、大正３年戸籍法28条２項は、「年月日ヲ記載スルニハ壹貳參拾ノ文字ヲ用ウルコトヲ要ス」と規定していました（明治31年戸籍法29条２項も同様の規定です。具体的には、「年月日時及ヒ年齢ヲ記スル数字ニハ一二三十ノ字ヲ用キスシテ壹貳參拾ノ字ヲ用ユルコトヲ要ス」としていました。）ので、旧法戸籍の規定と現行戸籍法施行規則の規定は、旧字体を用いるか新字体を用いるかとの違いは別として、同様です。

　また、コンピュータ戸籍の戸籍証明書等に年月日を記載するには、アラビア数字を用いることができるとしています（戸籍法施行規則73条５項）。

　この戸籍記載例の変遷をお読みいただくと、戸籍の検索機能の素晴らしさが、お分かりいただけると思います。本項では、代表的な届出事件である五大届出事件（①出生、②死亡、③婚姻、④離婚、⑤転籍の届出）の死亡の届出に代えて、縁組及び離縁の記載例について、その概略を説明することにします。

　出生事項の記載は、最初に入籍する戸籍にしますので、単に「入籍」と文末に

記載します（コンピュータ戸籍では、【届出日】又は【送付を受けた日】が「入籍日」になりますので、特にインデックスでの表記はしません。）。これは、出生子については、戸籍の変動がないためです。これが、身分行為（婚姻・縁組等）の記載では、新戸籍が編製されて現在の戸籍から除かれるときは、紙戸籍では「○○（新本籍の場所）に新戸籍編製につき除籍」と、コンピュータ戸籍では「【新本籍】」と、他の戸籍に入籍するときは、紙戸籍では「○○戸籍から入籍」と、コンピュータ戸籍では「【従前戸籍】」と、また、従前戸籍から除かれるときは、紙戸籍では「○○戸籍に入籍につき除籍」と、コンピュータ戸籍では「【入籍戸籍】」と記載します。このように、入籍と除籍という用語を用いて事件本人の戸籍のつながりをつけています。このような記載例の形式は、明治31年戸籍法の時から現在まで連綿と続いていますので、この記載例を読み解くことにより、戸籍を遡って検索することが可能となります。

(2)　転籍事項の記載例の変遷

　　転籍は、一の市町村から他の市町村に転籍する場合（管外転籍）と、同一市町村内で転籍する場合（管内転籍）があります。

　　本例は、管外転籍の届出が転籍地にあった場合の記載例です。

①　コンピュータ戸籍の記載例（平成6年12月1日〜現在）

　・転籍後の戸籍中戸籍事項欄

　　転　　　籍　　　｜【転籍日】令和4年1月20日
　　　　　　　　　　｜【従前本籍】千葉市中央区千葉港5番地

　　＊【従前本籍】とは、転籍前の本籍のことをいいます。したがって、転籍前の戸籍を請求するには、「千葉市中央区千葉港5番地何某（戸籍の筆頭者の氏名）」を請求することになります。

　・転籍前の戸籍中戸籍事項欄

　　転　　　籍　　　｜【転籍日】令和4年1月20日
　　　　　　　　　　｜【新本籍】東京都千代田区西神田一丁目4番地
　　　　　　　　　　｜【送付を受けた日】令和4年1月21日
　　　　　　　　　　｜【受理者】東京都千代田区長

　　＊【新本籍】とは、転籍後の本籍のことをいいます。したがって、転籍後の戸籍を請求するには、「東京都千代田区西神田一丁目4番地何某（戸籍の筆頭者の氏名）」を請求することになります。また、転籍前のコンピュータ戸籍は、この記載により、左側上部に「除籍マーク」が表示され、戸籍が消除されたことが分かります。

②　紙戸籍の場合

　i　昭和45年記載例～現在（昭和45年7月1日～現在）

　・転籍後の戸籍中戸籍事項欄

　　「平成七年壱月弐拾日千葉市中央区千葉港五番地から転籍届出㊞」

　・転籍前の戸籍中戸籍事項欄

　　「平成七年壱月弐拾日東京都千代田区西神田一丁目四番地に転籍届出同月弐拾壱日同区長から送付消除㊞」

　　＊紙戸籍の記載例は、昭和45年の法務省令第8号により改正され（転籍届の届出人は法定されている（戸籍法108条1項は、「戸籍の筆頭に記載した者及びその配偶者」としています。）ことから、届出年月日を冒頭に記載し、文例を統一し簡素化しました。）、それ以後は、基本的には変更はありませんので、小見出しとして「i　昭和45年記載例～現在」としました（以下、「i　昭和○○年記載例～現在」とした見出しは、基本的にその「昭和○○年記載例」以後に変更がないことを示したものです。）。また、転籍前の戸籍は、文末に「消除」と記載し、右側欄外に朱で、「除籍」の印判を押印します。

　ii　昭和23年記載例（昭和23年1月1日～昭和45年6月30日）

　・転籍後の戸籍中戸籍事項欄

　　「千葉市千葉港五番地から転籍<u>甲野義太郎同人妻梅子</u>届出昭和弐拾参年壱月弐拾日受附㊞」

　・転籍前の戸籍中戸籍事項欄

　　「東京都千代田区平河町一丁目四番地に転籍<u>甲野義太郎同人妻梅子</u>届出昭和弐拾参年壱月弐拾日千代田区長受附同月弐拾壱日送付<u>本戸籍</u>消除㊞」

　　＊昭和23年記載例は、届出人の資格氏名（戸籍法108条1項）を記載し、文末に「本戸籍」という文言を用いていました（下線部分参照）。

　iii　大正3年記載例（大正4年1月1日～昭和22年12月31日）

　・新戸籍（転籍後の戸籍）中戸主ノ事項欄

　　「千葉縣千葉郡千葉港五番地ヨリ転籍届出大正四年七月貳拾日受附入籍㊞」

　・原戸籍（転籍前の戸籍）中戸主ノ事項欄

　　「東京市麹町区元園町一丁目三番地ニ転籍届出大正四年七月貳拾日麹町区長雲井高輔受附同月貳拾壱日送付全戸除籍㊞」

　iv　明治31年記載例（明治31年7月16日～大正3年12月31日）

・新戸籍（転籍後の戸籍）中戸主ノ事項欄

　「明治參拾壹年七月貳拾日子丑縣寅卯郡辰巳町五番地ヨリ転籍届出受附入籍㊞」

・原戸籍（転籍前の戸籍）中戸主ノ事項欄

　「明治參拾壹年七月貳拾日午未市申酉町七番地ヘ転籍届出同日申酉町戸籍吏内野丙郎受附同月貳拾壹日届書及入籍通知書発送同月貳拾五日受附除籍㊞」

　＊なお、旧法中の転籍届の届出人は、戸主に限られ、家族は転籍届をすることはできないとされていました（大正3年戸籍法158条、明治31年戸籍法195条）。

⑶　出生事項の記載例の変遷

　出生事項は、戸籍の身分事項欄の最初の行に記載される事項です。出生事項を記載する欄は、父母の戸籍中子の身分事項欄ですので、記載する欄の名称を省略します。

　本例は、父が本籍地に出生届をした場合の記載例です。

①　コンピュータ戸籍の記載例（平成6年12月1日〜現在）

　　出　　生　　｜【出生日】令和4年1月10日
　　　　　　　　｜【出生地】東京都千代田区
　　　　　　　　｜【届出日】令和4年1月14日
　　　　　　　　｜【届出人】父

②　紙戸籍の場合

ⅰ　昭和45年記載例〜現在（昭和45年7月1日〜現在）

　「平成六年壱月拾日東京都千代田区で出生同月拾四日父届出入籍㊞」

ⅱ　昭和23年記載例（昭和23年1月1日〜昭和45年6月30日）

　「昭和貳拾參年壱月拾日本籍で出生父甲野義太郎届出同月拾五日受附入籍㊞」

　＊出生事項の記載例は、昭和45年7月1日以降は、現行記載例と同様です。昭和23年記載例は、出生場所が本籍と同一場所であるときは、本例のように単に「本籍で出生」とし、それ以外の場合は、例えば、「東京都千代田区麹町四丁目五番地」と町名地番（番地）まで記載していました。

ⅲ　大正3年記載例（大正4年1月1日〜昭和22年12月31日）

　「麹町区平河町一丁目四番地ニ於テ出生父甲野義太郎届出大正九年九月貳拾日受附入籍㊞」

　　　　＊大正４年記載例は、届出年月日は記載していましたが、出生年月日は記載していませんので、出生日は、出生年月日欄で確認することになります。

　　ⅳ　明治31年記載例（明治31年７月16日〜大正３年12月31日）

　　　「明治参拾壱年六月貮拾壱日出生届出同日受附入籍㊞」

　　　　＊明治31年記載例は、大正４年記載例同様、届出年月日は記載していましたが、出生年月日は記載していませんので、出生日は、出生年月日欄で確認することになります。

(4)　縁組事項の記載例の変遷

　　現行戸籍法18条３項は、「養子は、養親の戸籍に入る。」と、同法20条は、「前二条の規定によつて他の戸籍に入るべき者に配偶者があるときは、（中略）その夫婦について新戸籍を編製する。」と規定しています。本例は、夫婦が夫婦を養子とする縁組届が養子となる者の新本籍地にあり、養子夫婦について新戸籍を編製する場合の記載例です。

　　なお、平成２年10月５日付け民二第4400号通達発出後は、夫婦が養子となる縁組届があった場合には、夫婦について新戸籍を編製するものとするという取扱いです。

①　コンピュータ戸籍の記載例（平成６年12月１日〜現在）

　・養子の新戸籍中戸籍事項欄

　　戸籍編製　　　　｜【編製日】令和５年２月９日

　　＊本例の場合の戸籍編製日は、「縁組届出日」と同じ日です。

　・養子の新戸籍中筆頭者となる養子（夫）の身分事項欄

　　養子縁組　　　　｜【縁組日】令和５年２月９日

　　　　　　　　　　｜【共同縁組者】妻（妻の身分事項欄の記録は「夫」）

　　　　　　　　　　｜【養父氏名】甲野義太郎

　　　　　　　　　　｜【養母氏名】甲野梅子

　　　　　　　　　　｜【養親の戸籍】東京都千代田区平河町一丁目４番地　甲野義太郎

　　　　　　　　　　｜【従前戸籍】大阪市北区西天満二丁目７番地　乙川英助

　　＊養子夫婦の縁組事項の記載は、【共同縁組者】の記載を除き、記載内容は同一です。また、縁組前の戸籍は、【従前戸籍】の記載で分かります。

　・養親の戸籍中筆頭者である養父の身分事項欄

　　養子縁組　　　　｜【縁組日】令和５年２月９日

　　　　　　　　【共同縁組者】妻（養母の身分事項欄の記録は「夫」）

　　　　　　　　【養子氏名】乙川英助

　　　　　　　　【養子氏名】乙川竹子

　　　　　　　　【養子の従前戸籍】大阪市北区西天満二丁目７番地　乙川英
　　　　　　　　　　　　助

　　　　　　　　【養子の新本籍】東京都千代田区平河町二丁目１０番地

　　＊養子が縁組により新本籍を定めますが、その新本籍の場所は、【養子の新
　　　本籍】の記載により分かります。養親夫婦の縁組事項の記載は、【共同縁
　　　組者】の記載を除き、記載内容は同一です。

・養子の縁組前の戸籍中筆頭者である養子（夫）の身分事項欄

　養子縁組　　　【縁組日】令和５年２月９日

　　　　　　　　【共同縁組者】妻（妻の身分事項欄の記録は「夫」）

　　　　　　　　【養父氏名】甲野義太郎

　　　　　　　　【養母氏名】甲野梅子

　　　　　　　　【養親の戸籍】東京都千代田区平河町一丁目４番地　甲野義
　　　　　　　　　　　　太郎

　　　　　　　　【送付を受けた日】令和５年２月１１日

　　　　　　　　【受理者】東京都千代田区長

　　　　　　　　【新本籍】東京都千代田区平河町二丁目１０番地

　　＊縁組前の戸籍は、養子縁組により除籍されますので、「戸籍に記録されて
　　　いる者」欄には「除籍マーク」が表示されます。新しい本籍の場所は、
　　　【新本籍】の記載により分かります。養子夫婦の縁組事項の記載は、【共同
　　　縁組者】の記載を除き、記載内容は同一です。

②　紙戸籍の場合

ⅰ　昭和54年記載例〜現在（昭和54年12月１日〜現在）

・養子の新戸籍中戸籍事項欄

　　「平成拾年弐月九日編製㊞」

・養子の新戸籍中筆頭者となる養子（夫）の身分事項欄

　　「平成拾年弐月九日妻とともに東京都千代田区平河町一丁目四番地甲野義
　　太郎同人妻梅子の養子となる縁組届出大阪市北区西天満二丁目七番地乙川
　　英助戸籍から入籍㊞」

・養子の新戸籍中養子（妻）の身分事項欄

　　「平成拾年弐月九日夫とともに甲野義太郎同人妻梅子の養子となる縁組届

43

出入籍㊞」

・養親の戸籍中筆頭者である養父の身分事項欄

　　「平成拾年弐月九日妻とともに大阪市北区西天満二丁目七番地（新本籍東京都千代田区平河町二丁目十番地）乙川英助同人妻竹子を養子とする縁組届出㊞」

・養親の戸籍中養母の身分事項欄

　　「平成拾年弐月九日夫とともに乙川英助同人妻竹子を養子とする縁組届出㊞」

・養子の縁組前の戸籍中筆頭者である養子（夫）の身分事項欄

　　「平成拾年弐月九日妻とともに東京都千代田区平河町一丁目四番地甲野義太郎同人妻梅子の養子となる縁組届出同月拾壱日同区長から送付同区平河町二丁目十番地に新戸籍編製につき除籍㊞」

・養子の縁組前の戸籍中養子（妻）の身分事項欄

　　「平成拾年弐月九日夫とともに甲野義太郎同人妻梅子の養子となる縁組届出同月拾壱日東京都千代田区長から送付除籍㊞」

　＊紙戸籍の場合の記載例は、養子となる夫婦及び養親となる夫婦とも、妻及び養母にする記載については、その一部を簡略していることが分かります。

　　　なお、紙戸籍の記載例は、昭和54年記載例の元号の表記を除き、現在まで変更はありません。

ⅱ　昭和45年記載例（昭和45年7月1日～昭和54年11月30日）

　　昭和45年記載例は、現行の記載例との違いが一部あります。その違いは、下線で示した部分になります。その違いの部分のみを表記します。

・養子の新戸籍中戸籍事項欄

　　「養子縁組の届出により昭和四拾七年弐月九日編製㊞」

・養子の新戸籍中筆頭者となる養子（夫）の身分事項欄

　　「昭和四拾七年弐月九日妻竹子とともに（妻の名を記載した）」

・養子の新戸籍中養子（妻）の身分事項欄

　　「昭和四拾七年弐月九日夫英助とともに（夫の名を記載した）」

・養親の戸籍中筆頭者である養父の身分事項欄

　　「昭和四拾七年弐月九日妻梅子とともに（養母の名を記載した）」

・養親の戸籍中養母の身分事項欄

　　「昭和四拾七年弐月九日夫義太郎とともに（養父の名を記載した）」

・養子の縁組前の戸籍中筆頭者である養子（夫）の身分事項欄

「昭和四拾七年弐月九日妻<u>竹子</u>とともに（妻の名を記載した）」

・養子の縁組前の戸籍中養子（妻）の身分事項欄

「昭和四拾七年弐月九日夫<u>英助</u>とともに（夫の名を記載した）」

iii　昭和23年記載例（昭和23年1月1日～昭和45年6月30日）

　　昭和23年記載例は、「養子の新戸籍中戸籍事項欄」の記載を除き、基本的には、昭和45年記載例と同様です。戸籍事項欄の記載の違いは、下線で示した部分になります。

・養子の新戸籍中戸籍事項欄

「養子縁組の届出により<u>昭和弐拾四年弐月九日夫婦につき本戸籍編製</u>㊞」

　　旧戸籍法施行中は、養子縁組により養子は、養家に入るとされていましたから、養親となる者の事項欄には、縁組事項の記載をすることはありませんでしたので、旧法中の戸籍を確認するときは、注意を要します。

iv　大正3年記載例（大正4年1月1日～昭和22年12月31日）

・養家ノ戸籍中養子（夫）ノ事項欄

「麹町区平河町一丁目三番地戸主乙川孝輔二男甲野義太郎同人妻梅子ト養子縁組届出大正五年七月四日受附入籍㊞」

・養家ノ戸籍中妻ノ事項欄

「夫孝二郎ト共ニ養子縁組届出大正五年七月四日受附入籍㊞」

・実家ノ戸籍中養子ノ事項欄

「麹町区麹町四丁目六番地甲野義太郎同人妻梅子ト養子縁組届出大正五年七月四日受附除籍㊞」

・養子ノ実家ノ戸籍中妻ノ事項欄

「夫孝二郎ト共ニ養子縁組届出大正五年七月四日受附除籍㊞」

v　明治31年記載例（明治31年7月16日～大正3年12月31日）

・養家ノ戸籍中養子（夫）ノ事項欄

「明治参拾壱年六月六日子丑府寅卯郡辰巳村九番地乙野乙郎弟養子縁組届出同日辰巳村戸籍吏丙野丙郎受附同月八日届書発送同月拾日受附入籍㊞」

・養家ノ戸籍中妻ノ事項欄

「明治参拾壱年六月六日夫乙四郎ト共ニ養子縁組入籍㊞」

・養子ノ実家ノ戸籍中養子ノ事項欄

「明治参拾壱年六月六日辰巳縣午未郡申西村拾番地甲野甲郎ト養子縁組届出同月七日受附除籍㊞」

・養子ノ実家ノ戸籍中妻ノ事項欄

「明治参拾壹年六月六日夫乙四郎ト共ニ養子縁組除籍㊞」

(5) 離縁事項の記載例の変遷

現行戸籍法19条１項本文は、「養子縁組によつて氏を改めた者が、離縁によつて縁組前の氏に復するときは、縁組前の戸籍に入る。（一部省略）」と、同法20条は、「前二条の規定によつて他の戸籍に入るべき者に配偶者があるときは、（中略）その夫婦について新戸籍を編製する。」と規定しています。本例は、夫婦で養子となった者と養親との協議離縁届が養親の本籍地にあった場合の記載例です。

なお、平成２年10月５日付け民二第4400号通達発出後は、夫婦が養子となった縁組について離縁届があった場合には、夫婦について新戸籍を編製するものとするという取扱いです。

① コンピュータ戸籍の記載例（平成６年12月１日～現在）

・養子の離縁後の新戸籍中戸籍事項欄

戸籍編製　　　｜【編製日】令和８年５月４日

＊本例の場合の戸籍編製日は、「届書の送付を受けた日」になります。

・養子の離縁後の新戸籍中筆頭者となる養子（夫）の身分事項欄

養子離縁　　　【離縁日】令和８年５月１日

　　　　　　　【共同離縁者】妻（妻の身分事項欄の記録は「夫」）

　　　　　　　【養父氏名】甲野義太郎

　　　　　　　【養母氏名】甲野梅子

　　　　　　　【送付を受けた日】令和８年５月４日

　　　　　　　【受理者】東京都千代田区長

　　　　　　　【従前戸籍】東京都千代田区平河町二丁目１０番地　甲野英助

＊養子夫婦の離縁事項の記載は、【共同離縁者】の記載を除き、記載内容は同一です。また、離縁前の戸籍は、【従前戸籍】の記載で分かります。

・養親の戸籍中養父母の身分事項欄

養子離縁　　　【離縁日】令和８年５月１日

　　　　　　　【共同離縁者】妻（養母の身分事項欄の記録は「夫」）

　　　　　　　【養子氏名】甲野英助

　　　　　　　【養子氏名】甲野竹子

＊養親夫婦の離縁事項の記載は、【共同離縁者】の記載を除き、記載内容は同一です。

・養子の離縁前の戸籍中筆頭者である養子（夫）の身分事項欄

養子離縁　　【離縁日】令和８年５月１日

【共同離縁者】妻（妻の身分事項欄の記録は「夫」）

【養父氏名】甲野義太郎

【養母氏名】甲野梅子

【新本籍】京都市北区小山初音町１８番地

＊離縁前の戸籍は、離縁により除籍されますので、「戸籍に記録されている者」欄には「除籍マーク」が表示されます。新しい本籍の場所は、【新本籍】の記載により分かります。養子夫婦の離縁事項の記載は、【共同離縁者】の記載を除き、記載内容は同一です。

② 　紙戸籍の場合

ⅰ　昭和54年記載例～現在（昭和54年12月１日～現在）

・養子の離縁後の新戸籍中戸籍事項欄

「平成拾年五月四日編製㊞」

・養子の離縁後の新戸籍中筆頭者となる養子（夫）の身分事項欄

「平成拾年五月壱日妻とともに養父甲野義太郎養母梅子と協議離縁届出同月四日東京都千代田区長から送付同区平河町二丁目十番地甲野英助戸籍から入籍㊞」

・養子の離縁後の新戸籍中養子（妻）の身分事項欄

「平成拾年五月壱日夫とともに養父甲野義太郎養母梅子と協議離縁届出同月四日東京都千代田区長から送付入籍㊞」

・養親の戸籍中養父母の身分事項欄

「平成拾年五月壱日妻（夫）とともに養子英助同人妻竹子と協議離縁届出㊞」

・養子の離縁前の戸籍中筆頭者である養子（夫）の身分事項欄

「平成拾年五月壱日妻とともに養父甲野義太郎養母梅子と協議離縁届出京都市北区小山初音町十八番地に新戸籍編製につき除籍㊞」

・養子の離縁前の戸籍中養子（妻）の身分事項欄

「平成拾年五月壱日夫とともに養父甲野義太郎養母梅子と協議離縁届出除籍㊞」

＊紙戸籍の場合の記載例は、養子であった夫婦のうち、妻にする記載については、その一部を簡略していることが分かります。

なお、紙戸籍の記載例は、昭和54年記載例の元号の表記を除き、現在ま

で変更はありません。

ii　昭和45年記載例（昭和45年7月1日〜昭和54年11月30日）

　　昭和45年記載例は、現行の記載例との違いが一部あります。その違いは、下線で示した部分になりますので、その部分のみを表記します。

・養子の離縁後の新戸籍中戸籍事項欄

　　「協議離縁の届出により昭和五拾年五月四日編製㊞」

・養子の離縁後の新戸籍中筆頭者となる養子（夫）の身分事項欄

　　「昭和五拾年五月壱日妻竹子とともに（妻の名を記載した）」

・養子の離縁後の新戸籍中養子（妻）の身分事項欄

　　「昭和五拾年五月壱日夫英助とともに（夫の名を記載した）」

・養親の戸籍中養父母の身分事項欄

　　「昭和五拾年五月壱日妻梅子（夫義太郎）（夫婦の名をそれぞれ記載した）」

・養子の離縁前の戸籍中筆頭者である養子（夫）の身分事項欄

　　「昭和五拾年五月壱日妻竹子とともに（妻の名を記載した）」

・養子の離縁前の戸籍中養子（妻）の身分事項欄

　　「昭和五拾年五月壱日夫英助とともに（夫の名を記載した）」

iii　昭和23年記載例（昭和23年1月1日〜昭和45年6月30日）

　　昭和23年記載例は、「養子の新戸籍中戸籍事項欄」の記載を除き、基本的には、昭和45年記載例と同様です。戸籍事項欄の記載の違いは、下線で示した部分になります。

・養子の新戸籍中戸籍事項欄

　　「協議離縁の届出により昭和弐拾七年五月壱日夫婦につき本戸籍編製㊞」

　　次の旧法戸籍施行中の離縁の記載は、現行記載例に直接該当するものはありませんので、大正3年戸籍法及び明治31年戸籍法の記載例中から、記載すべき戸籍及び事項欄に該当するものとして、作成したものです。したがって、この離縁に関する記載例は、そのような観点で理解していただければと思います。

　　なお、旧法中の縁組事項は養親となる者の事項欄には記載しませんでしたので、離縁事項も同様に記載をしません。

iv　大正3年記載例（大正4年1月1日〜昭和22年12月31日）

　　以下の記載例は、良書普及會発行「戸籍事務提要」から引用したものです。

・養家ノ戸籍中養子（夫）ノ事項欄

　　　　「養父丙川信二郎養母鶴子ト協議離縁届出大正九年拾月壹日受附除籍㊞」

　　　・養家ノ戸籍中妻ノ事項欄

　　　　「大正九年拾月壹日夫義二郎ト共ニ協議離縁届出大正九年拾月壹日受附除
　　　　籍㊞」

　　　・実家ノ戸籍中養子ノ事項欄

　　　　「養父麹町区元園町一丁目四番地戸主丙川信太郎弟信二郎及養母鶴子ト協
　　　　議離縁届出大正九年拾月壹日受附復籍㊞」

　　　・養子ノ実家ノ戸籍中妻ノ事項欄

　　　　「大正九年拾月壹日夫義二郎ト共ニ協議離縁届出大正九年拾月壹日受附復
　　　　籍㊞」

　　ⅴ　明治31年記載例（明治31年7月16日〜大正3年12月31日）

　　　　以下の記載例は、法務省民事局編「戸籍法等改正経過法令集」（昭和44年
　　　3月31日発行）から引用したものです。

　　　・養家ノ戸籍中養子（夫）ノ事項欄

　　　　「明治参拾壹年八月参日協議離縁実家復籍届出同日受附除籍㊞」

　　　・養家ノ戸籍中妻ノ事項欄

　　　　「明治参拾壹年八月参日夫乙四郎ト共ニ協議離縁届出同日受附除籍㊞」

　　　・養子ノ実家ノ戸籍中養子ノ事項欄

　　　　「明治参拾壹年八月参日子丑村九番地甲野甲郎養子協議離縁届出同日受附
　　　　入籍㊞」

　　　・養子ノ実家ノ戸籍中妻ノ事項欄

　　　　「明治参拾壹年八月参日夫乙四郎ト共ニ協議離縁入籍㊞」

⑹　婚姻事項の記載例の変遷

　　　現行戸籍法16条1項本文は、「婚姻の届出があつたときは、夫婦について新戸
　　籍を編製する。」と規定しています。本例は、夫の氏を称する婚姻届があり夫婦
　　について新戸籍を編製する場合で、夫の本籍地に届出があった場合の記載例です。

①　コンピュータ戸籍の記載例（平成6年12月1日〜現在）

　　・夫婦の新戸籍中戸籍事項欄

　　戸籍編製　　　｜【編製日】令和4年1月10日

　　＊本例の場合の戸籍編製日は、「婚姻届出日」と同じ日です。

　　・夫婦の新戸籍中夫の身分事項欄

　　　婚　　　姻　　｜【婚姻日】令和4年1月10日
　　　　　　　　　　｜【配偶者氏名】乙野梅子

　　　　　　　　｜【従前戸籍】東京都千代田区平河町一丁目４番地　　甲野幸雄
　・夫婦の新戸籍中妻の身分事項欄
　　　　婚　　姻　｜【婚姻日】令和４年１月１０日
　　　　　　　　｜【配偶者氏名】甲野義太郎
　　　　　　　　｜【従前戸籍】京都市北区小山初音町１８番地　乙野忠治

　　＊夫婦それぞれの婚姻前の戸籍は、【従前戸籍】の表示のとおりです。した
　　　がって、新戸籍に入籍する一つ前の戸籍は、従前戸籍に記載された戸籍証
　　　明書を請求することになります。
　・夫の婚姻前の戸籍中夫の身分事項欄
　　　　婚　　姻　｜【婚姻日】令和４年１月１０日
　　　　　　　　｜【配偶者氏名】乙野梅子
　　　　　　　　｜【新本籍】東京都千代田区平河町一丁目４番地
　　　　　　　　｜【称する氏】夫の氏
　・妻の婚姻前の戸籍中妻の身分事項欄
　　　　婚　　姻　｜【婚姻日】令和４年１月１０日
　　　　　　　　｜【配偶者氏名】甲野義太郎
　　　　　　　　｜【送付を受けた日】令和４年１月１２日
　　　　　　　　｜【受理者】東京都千代田区長
　　　　　　　　｜【新本籍】東京都千代田区平河町一丁目４番地
　　　　　　　　｜【称する氏】夫の氏

　　＊夫婦それぞれの婚姻後の本籍の場所は、【新本籍】の表示のとおりです。
　　　したがって、戸籍をたどる場合は、その新本籍と記録された戸籍証明書を
　　　請求します。この場合の戸籍の筆頭者氏名は、「甲野義太郎」になります。
②　紙戸籍の場合
ｉ　昭和54年記載例～現在（昭和54年12月１日～現在）
　・夫婦の新戸籍中戸籍事項欄
　　「平成拾年壱月拾日編製㊞」
　・夫婦の新戸籍中夫の身分事項欄
　　「平成拾年壱月拾日乙野梅子と婚姻届出東京都千代田区平河町一丁目４番
　　地甲野幸雄戸籍から入籍㊞」
　・夫婦の新戸籍中妻の身分事項欄
　　「平成拾年壱月拾日甲野義太郎と婚姻届出京都市北区小山初音町18番地乙
　　野忠治戸籍から入籍㊞」

・夫の婚姻前の戸籍中夫の身分事項欄

　「平成拾年壱月拾日乙野梅子と婚姻届出東京都千代田区平河町一丁目４番地に夫の氏の新戸籍編製につき除籍㊞」

・妻の婚姻前の戸籍中妻の身分事項欄

　「平成拾年壱月拾日甲野義太郎と婚姻届出同月拾弐日東京都千代田区長から送付同区平河町一丁目４番地に夫の氏の新戸籍編製につき除籍㊞」

　＊この紙戸籍の記載例は、昭和54年記載例から現行の記載例まで、元号の表記を除き、基本的には変更はありませんので、元号を「平成」として記載しています。

ii　昭和45年記載例（昭和45年７月１日～昭和54年11月30日）

　昭和54年記載例との違いは、下線で示した部分になりますので、その部分のみを表記します。

　なお、夫婦の新戸籍及び婚姻前の戸籍の各身分事項欄の記載は同様ですので、省略します。

・夫婦の新戸籍中戸籍事項欄

　「婚姻の届出により昭和四拾六年壱月拾日編製㊞」

iii　昭和23年記載例（昭和23年１月１日～昭和45年６月30日）

　昭和45年記載例以降は、婚姻届出日は冒頭に記載することにしましたが、昭和23年記載例では、夫婦の新戸籍中の妻の身分事項欄のみ届出日を冒頭に記載していました。昭和45年記載例以降とは、少し違っています。

・夫婦の新戸籍中戸籍事項欄

　「婚姻の届出により昭和弐拾参年壱月拾日夫婦につき本戸籍編製㊞」

・夫婦の新戸籍中夫の身分事項欄

　「乙野梅子と婚姻届出昭和弐拾参年壱月拾日受附千代田区平河町一丁目四番地甲野幸雄戸籍より入籍㊞」

・夫婦の新戸籍中妻の身分事項欄

　「昭和弐拾参年壱月拾日甲野義太郎と婚姻届出京都市上京区小山初音町十八番地乙野忠治戸籍より同日入籍㊞」

・夫の婚姻前の戸籍中夫の身分事項欄

　「乙野梅子と婚姻夫の氏を称する旨届出昭和弐拾参年壱月拾日受附千代田区平河町一丁目四番地に新戸籍編製につき除籍㊞」

・妻の婚姻前の戸籍中妻の身分事項欄

　「甲野義太郎と婚姻夫の氏を称する旨届出昭和弐拾参年壱月拾日東京都千

代田区長受附同月拾弐日送付千代田区平河町一丁目四番地に新戸籍編製に
つき除籍㊞」

　大正3年戸籍法施行中は、入夫及び婿養子を除き、妻が夫の家に入りました
（旧民法788条）ので、夫婦について新戸籍を編製することはありませんでした。
ⅳ　大正3年記載例（大正4年1月1日～昭和22年12月31日）
　・夫ノ事項欄
　　「乙原藤子ト婚姻届出大正参拾参年七月五日受附㊞」
　・婚家ノ戸籍中妻ノ事項欄
　　「千葉縣千葉郡千葉町四番地戸主乙原信藏二女大正参拾参年七月五日甲野
　　禮二郎ト婚姻届出同日入籍㊞」
　・実家ノ戸籍中妻ノ事項欄
　　「東京市麴町区麴町四丁目六番地甲野禮二郎ト婚姻届出大正参拾参年七月
　　五日麴町区長雲井高輔受附同月七日送付除籍㊞」

　明治31年戸籍法施行中は、夫になる者の事項欄には、婚姻事項を記載する取
扱いはされていませんでした。夫の家に入った妻の事項欄にのみ婚姻事項を記
載していたようです。明治31年司法省訓令第5号戸籍法取扱手続は、その附録
第3号戸籍記載例で婚姻事項の記載例を30から34で示していますが、全て妻に
関する記載例のみです。
ⅴ　明治31年記載例（明治31年7月16日～大正3年12月31日）
　・婚家ノ戸籍中妻ノ事項欄
　　「明治参拾壱年七月参日子丑縣寅卯郡辰巳村四番地乙野乙郎姉婚姻届出同
　　日受附入籍㊞」
　・実家ノ戸籍中妻ノ事項欄
　　「明治参拾壱年七月参日辰巳市午未町五番地甲野甲郎長男甲太ト婚姻届出
　　同日辰巳市戸籍吏内野丙郎受附同月五日届書及入籍通知書発送同月七日受
　　附除籍㊞」

(7)　離婚事項の記載例の変遷
　　現行戸籍法19条1項は、「婚姻により氏を改めた者が、離婚により婚姻前の氏
に復するときは、婚姻前の戸籍に入る。但し、その戸籍が既に除かれているとき、
又はその者が新戸籍編製の申出をしたときは、新戸籍を編製する。（一部省略）」
と規定しています。本例は、夫の氏を称する婚姻をした夫婦の協議離婚届が夫婦
の本籍地に届出され、妻について他の市区町村に新戸籍を編製する場合（戸籍法
19条1項ただし書）のものです。

① コンピュータ戸籍の記載例（平成６年12月１日～現在）

・妻の新戸籍中戸籍事項欄

戸籍編製 ｜【編製日】令和５年２月９日

＊本例の場合の戸籍編製日は、「届書の送付を受けた日」になります。

・妻の新戸籍中妻の身分事項欄

離　　婚 ｜【離婚日】令和５年２月５日

【配偶者氏名】甲野義太郎

【送付を受けた日】令和５年２月９日

【受理者】東京都千代田区長

【従前戸籍】東京都千代田区平河町一丁目４番地　甲野義太郎

＊離婚前の戸籍の表示は、【従前戸籍】の記載で分かります。したがって、本戸籍から一つ前の戸籍を確認するには、従前戸籍に記載されている戸籍の戸籍証明書を請求することになります。

・夫婦の戸籍中夫の身分事項欄

離　　婚 ｜【離婚日】令和５年２月５日

【配偶者氏名】甲野梅子

＊婚姻の際に氏を改めなかった者は、離婚によって戸籍の変動はありません。

・夫婦の戸籍中妻の身分事項欄

離　　婚 ｜【離婚日】令和５年２月５日

【配偶者氏名】甲野義太郎

【新本籍】京都市北区小山初音町２０番地

＊離婚によって新戸籍を編製した場所は、【新本籍】と記載された場所になりますので、この戸籍を確認するには、新本籍と記載されている戸籍の戸籍証明書を請求します。この場合の戸籍の筆頭者氏名は、婚姻前の妻の氏名で記載されています。

② 紙戸籍の場合

ⅰ 昭和54年記載例～現在（昭和54年12月１日～現在）

・妻の新戸籍中戸籍事項欄

「平成五年弐月九日編製㊞」

・妻の新戸籍中妻の身分事項欄

「平成五年弐月五日夫甲野義太郎と協議離婚届出同月九日東京都千代田区長から送付同区平河町一丁目四番地甲野義太郎戸籍から入籍㊞」

・夫婦の戸籍中夫の身分事項欄

　　「平成五年弐月五日妻梅子と協議離婚届出㊞」

・夫婦の戸籍中妻の身分事項欄

　　「平成五年弐月五日夫義太郎と協議離婚届出京都市北区小山初音町二十番
　　地に新戸籍編製につき除籍㊞」

　　＊この紙戸籍の記載例は、昭和54年記載例から現行の記載例まで、元号の
　　　表記を除き、基本的には変更はありませんので、元号を「平成」として
　　　記載しています。

ii　昭和45年記載例（昭和45年7月1日～昭和54年11月30日）

　　昭和54年記載例との違いは、下線で示した部分になりますので、その部分
を表示します。

　　なお、妻の新戸籍及び夫婦の戸籍の各身分事項欄の記載は同様ですので、
省略します。

・妻の新戸籍中戸籍事項欄

　　「協議離婚の届出により昭和四拾六年弐月九日編製㊞」

iii　昭和23年記載例（昭和23年1月1日～昭和45年6月30日）

　　昭和45年記載例以降は、離婚届出日は冒頭に記載することにしましたが、
昭和23年記載例では、夫婦の戸籍中妻の身分事項欄のみ届出日を冒頭に記載
していました。昭和45年記載例以降とは、少し違っています。

・妻の新戸籍中戸籍事項欄

　　「協議離婚の届出により昭和弐拾四年弐月九日本戸籍編製㊞」

　　＊年代によっては、「協議離婚の届出により」を、「協議離婚届出復籍すべ
　　　き戸籍が除かれているため」と記載している場合があります。

・妻の新戸籍中妻の身分事項欄

　　「夫甲野義太郎と協議離婚届出昭和弐拾四年弐月五日東京都千代田区長受
　　附同月九日送付同区平河町一丁目四番地甲野義太郎戸籍より入籍㊞」

・夫婦の戸籍中夫の身分事項欄

　　「妻梅子と協議離婚届出昭和弐拾四年弐月五日受附㊞」

・夫婦の戸籍中妻の身分事項欄

　　「昭和弐拾四年弐月五日夫義太郎と協議離婚届出京都市上京区小山初音町
　　二十番地に新戸籍編製につき同日除籍㊞」

　　大正3年戸籍法施行中は、離婚により妻は実家に復籍するのが原則でした。
妻について新戸籍を編製する例は、実家が廃絶したため、一家創立をする場合

のみです。

iv　大正3年記載例（大正4年1月1日〜昭和22年12月31日）

・婚家ノ戸籍中夫ノ事項欄

「妻藤子ト協議離婚届出大正四拾年六月五日受附㊞」

・婚家ノ戸籍中妻ノ事項欄

「大正四拾年六月五日夫禮二郎ト協議離婚届出㊞同月七日入籍通知ニ因リ除籍㊞」

・実家ノ戸籍中妻ノ事項欄

「夫東京市麹町区麹町四丁目六番地戸主甲野義太郎二男禮二郎ト協議離婚届出大正四拾年六月五日麹町区長雲井高輔受附同月六日復籍㊞」

　明治31年戸籍法施行中（明治31年7月16日〜大正3年12月31日）は、同年司法省訓令第5号戸籍法取扱手続附録第3号戸籍記載例で離婚事項の記載例は、「養子離縁ノ記載例準用」とし、その記載例を示していなかったようです（法務省民事局編「戸籍法等改正経過法令集」（昭和44年3月31日発行）を参考としました。）。

6 戸籍編製の早見表

	戸主・筆頭者	戸籍の種類	編製理由
A-1	鈴木伝助	昭和改製原戸籍	分家
A-2	鈴木伝助	昭和改製戸籍 平成改製原戸籍	昭和第2次改製
A-3	鈴木伝助	平成改製戸籍	平成改製
B-1	鈴木一郎	除籍	婚姻届
B-2	鈴木一郎	平成改製原戸籍	転籍届
B-3	鈴木一郎	平成改製戸籍	平成改製
B-4	鈴木太一	平成改製原戸籍	分籍届
B-5	鈴木太一	平成改製戸籍	平成改製
B-6	西川佳彦	戸籍	婚姻証書
B-7	高橋弘一	平成改製原戸籍	婚姻届
B-8	高橋弘一	平成改製戸籍	平成改製
C-1	北川正雄	平成改製原戸籍	婚姻届
C-2	北川正雄	除籍	平成改製
C-3	東野五郎	平成改製原戸籍	婚姻届
C-4	東野五郎	平成改製戸籍	平成改製
C-5	北川冬男	平成改製原戸籍	婚姻届
C-6	北川冬男	平成改製戸籍	平成改製
D-1	杉山恵三	平成改製原戸籍	婚姻届
D-2	杉山恵三	除籍	平成改製
D-3	杉山誠	平成改製原戸籍	婚姻届
D-4	杉山誠	平成改製戸籍	平成改製
D-5	杉山実	平成改製原戸籍	婚姻届
D-6	杉山実	平成改製戸籍	平成改製
E-1	鈴木孝二	平成改製原戸籍	婚姻届
E-2	鈴木孝二	除籍	平成改製
E-3	鈴木幸一	平成改製原戸籍	婚姻証書
E-4	鈴木幸一	平成改製戸籍	平成改製
E-5	鈴木福二	戸籍	婚姻届
F-1	鈴木雄三	平成改製原戸籍	婚姻届
F-2	鈴木雄三	除籍	平成改製
F-3	前田耕太	戸籍	婚姻届
F-4	鈴木健次郎	戸籍	婚姻届
G-1	鈴木サト	除籍	養子縁組届

特　　徴
東京大空襲により滅失、昭和24年再製。除籍は再製されていない。
平成改製戸籍（A－3）の編製により改製原戸籍。
在籍者サトと山田三郎の養子縁組届出により除籍。
鈴木一郎と田中花子の婚姻届により編製、東京都北区へ転籍により除籍。
北区への転籍により編製、平成改製戸籍（B－3）の編製により除籍。
現在戸籍として使用されている戸籍。
認知事項は移記事項ではないので無記載。認知された子は、父母の婚姻のため準正子として入籍（この取扱いは昭和62年10月1日民二第5000号通達第5の3により廃止）。平成改製戸籍（B－5）の編製により改製原戸籍。
現在戸籍として使用されている戸籍。
西川佳彦と鈴木さくらの婚姻証書（在バンコク総領事）の送付により編製。現在戸籍として使用されている戸籍。
高橋弘一と鈴木道子の婚姻届により編製。平成改製戸籍（B－8）編製により改製原戸籍。
現在戸籍として使用されている戸籍。
北川正雄と鈴木ハルの婚姻届により編製。昭和23年戸籍記載例に基づきハルの出生事項が移記されている。平成改製（C－2）により改製原戸籍。
在籍者ハルの死亡届により除籍。
東野五郎と北川秋子の婚姻届により編製。平成改製戸籍（C－4）により改製原戸籍。
現在戸籍として使用されている戸籍。
北川冬男と山川三枝の婚姻届により編製。平成改製戸籍（C－6）により改製原戸籍。
現在戸籍として使用されている戸籍。
杉山恵三と鈴木フミの婚姻届により編製。昭和23年戸籍記載例に基づき、フミの出生事項が移記されている。平成改製戸籍（D－2）により改製原戸籍。
在籍者フミの死亡届により除籍。
杉山誠と南郷忍の婚姻届により編製。昭和54年戸籍記載例に基づき誠の出生事項が移記されている。平成改製戸籍（D－4）により改製原戸籍。
現在戸籍として使用されている戸籍。
杉山実と森加代子の婚姻届により編製。昭和54年戸籍記載例に基づき実の出生事項が移記されている。平成改製戸籍（D－6）により改製原戸籍。
現在戸籍として使用されている戸籍。
鈴木孝二と山崎和子の婚姻届により編製。昭和23年戸籍記載例に基づき孝二の出生事項が移記されている。平成改製戸籍（E－2）により改製原戸籍。
在籍者三津子の死亡届により除籍。
鈴木幸一と高山藍の婚姻証書（在ハワイ総領事）により編製。平成2年戸籍記載例に基づき幸一の出生事項が移記されている。平成改製戸籍（E－4）により改製原戸籍。
現在戸籍として使用されている戸籍。
鈴木福二と森田佳子の婚姻届により編製。現在戸籍として使用されている戸籍。
鈴木雄三と西山一枝の婚姻届により編製。昭和23年戸籍記載例に基づき雄三の出生事項が移記されている。平成改製戸籍（F－2）編製により改製原戸籍。
在籍者麻美の死亡届により除籍。
前田耕太と鈴木正恵の婚姻届により編製。現在戸籍として使用されている戸籍。
鈴木健次郎と河野明美の婚姻届により編製。現在戸籍として使用されている戸籍。
養母鈴木サトと養子山田三郎の養子縁組届により編製。養子離縁後、在籍者サトの死亡届により除籍。

この戸籍は、右側欄外に記載されているように、平成改製により平成20年10月4日改製戸籍（E－4戸籍）が編製されたため消除され、改製原戸籍となりました。

E－4　鈴木幸一　平成改製戸籍

　この戸籍は、戸籍事項欄に記載されているように、平成改製により平成20年10月4日編製され、現在戸籍として使用されている戸籍です。

E－5　鈴木福二　戸籍

　この戸籍は、戸籍事項欄に記載されているように、平成12年3月18日鈴木福二・森田佳子の婚姻届出により編製され現在も使用されている戸籍です。

F－1　鈴木雄三　平成改製原戸籍

　この戸籍は、戸籍事項欄に記載されているように、昭和41年9月11日鈴木雄三・西山一枝の婚姻届出により編製された戸籍です。

　雄三の出生事項は、戸籍編製時の昭和23年戸籍記載例に基づきA－2鈴木伝助戸籍から移記されています。

　この戸籍は、右側欄外に記載されているように、平成改製により平成20年10月4日改製戸籍（F－2戸籍）が編製されたため消除され、改製原戸籍となりました。

F－2　鈴木雄三　除籍

　この戸籍は、戸籍事項欄に記載されているように、平成改製により平成20年10月4日編製された戸籍です。

　この戸籍は、在籍者麻美の死亡届出により令和3年4月13日消除され除籍となりました。

F－3　前田耕太　戸籍

　この戸籍は、戸籍事項欄に記載されているように、平成12年9月10日前田耕太・鈴木正恵の婚姻届出により編製され現在戸籍として使用されている戸籍です。

F－4　鈴木健次郎　戸籍

　この戸籍は、戸籍事項欄に記載されているように、平成14年10月8日鈴木健次郎・河野明美の婚姻届出により編製され現在も使用されている戸籍です。

G－1　鈴木サト　除籍

　この戸籍は、戸籍事項欄に記載されているように、平成23年9月9日養母鈴木サトと養子山田三郎の養子縁組届出により編製された戸籍です。

　この戸籍は、養子三郎と平成25年3月2日養子離縁後、在籍者サトの死亡届出により令和4年2月21日消除され除籍となりました。

　誠の出生事項は、戸籍編製時の昭和54年戸籍記載例に基づきＤ－１杉山恵三戸籍から移記されています。

　この戸籍は、右側欄外に記載されているように、平成改製により平成11年11月20日改製戸籍（Ｄ－４戸籍）が編製されたため消除され、改製原戸籍となりました。

Ｄ－４　杉山誠　平成改製戸籍

　この戸籍は、戸籍事項欄に記載されているように、平成改製により平成11年11月20日編製され、現在戸籍として使用されている戸籍です。

Ｄ－５　杉山実　平成改製原戸籍

　この戸籍は、戸籍事項欄に記載されているように、平成元年４月30日杉山実・森加代子の婚姻届出により編製された戸籍です。

　実の出生事項は、戸籍編製時の昭和54年戸籍記載例に基づきＤ－１杉山恵三戸籍から移記されています。

　この戸籍は、右側欄外に記載されているように、平成改製により平成14年12月28日改製戸籍（Ｄ－６戸籍）が編製されたため消除され、改製原戸籍となりました。

Ｄ－６　杉山実　平成改製戸籍

　この戸籍は、戸籍事項欄に記載されているように、平成改製により平成14年12月28日編製され、現在戸籍として使用されている戸籍です。

Ｅ－１　鈴木孝二　平成改製原戸籍

　この戸籍は、戸籍事項欄に記載されているように、昭和43年３月21日鈴木孝二・山崎和子の婚姻届出により編製された戸籍です。

　孝二の出生事項は、戸籍編製時の昭和23年戸籍記載例に基づきＡ－２鈴木伝助戸籍から移記されています。

　この戸籍は、右側欄外に記載されているように、平成改製により平成20年10月４日改製戸籍（Ｅ－２戸籍）が編製されたため消除され、改製原戸籍となりました。

Ｅ－２　鈴木孝二　除籍

　この戸籍は、戸籍事項欄に記載されているように、平成改製により平成20年10月４日編製された戸籍です。

　この戸籍は、在籍者三津子の死亡届出により平成30年２月16日消除され除籍となりました。

Ｅ－３　鈴木幸一　平成改製原戸籍

　この戸籍は、戸籍事項欄に記載されているように、平成10年12月20日鈴木幸一・高山藍の婚姻証書が在ハワイ総領事からの送付により編製された戸籍です。

　幸一の出生事項は、戸籍編製時の平成２年戸籍記載例に基づきＥ－１鈴木孝二戸籍から移記されています。

日編製された戸籍です。

この戸籍は、在籍者ハルの死亡届出により令和３年７月12日消除され除籍となりました。

Ｃ－３　東野五郎　平成改製原戸籍

この戸籍は、戸籍事項欄に記載されているように、昭和53年11月15日東野五郎・北川秋子の婚姻届出により編製された戸籍です。

この戸籍は、右側欄外に記載されているように、平成改製により平成11年11月20日改製戸籍（Ｃ－４戸籍）が編製されたため消除され、改製原戸籍となりました。

Ｃ－４　東野五郎　平成改製戸籍

この戸籍は、戸籍事項欄に記載されているように、平成改製により平成11年11月20日編製され、現在戸籍として使用されている戸籍です。

Ｃ－５　北川冬男　平成改製原戸籍

この戸籍は、戸籍事項欄に記載されているように、昭和58年３月23日北川冬男・山川三枝の婚姻届が東京都千代田区長からの送付により編製された戸籍です。

この戸籍は、右側欄外に記載されているように、平成改製により平成20年９月13日改製戸籍（Ｃ－６戸籍）が編製されたため消除され、改製原戸籍となりました。

Ｃ－６　北川冬男　平成改製戸籍

この戸籍は、戸籍事項欄に記載されているように、平成改製により平成20年９月13日編製され、現在戸籍として使用されている戸籍です。

Ｄ－１　杉山恵三　平成改製原戸籍

この戸籍は、戸籍事項欄に記載されているように、昭和30年５月12日杉山恵三・鈴木フミの婚姻届出により編製された戸籍です。

フミの出生事項は、戸籍編製時の昭和23年戸籍記載例に基づきＡ－１鈴木伝助戸籍から移記されています。

この戸籍は、右側欄外に記載されているように、平成改製により平成17年８月１日改製戸籍（Ｄ－２戸籍）が編製されたため消除され、改製原戸籍となりました。

Ｄ－２　杉山恵三　除籍

この戸籍は、戸籍事項欄に記載されているように、平成改製により平成17年８月１日編製された戸籍です。

この戸籍は、在籍者フミの死亡届出により令和２年12月10日消除され除籍となりました。

Ｄ－３　杉山誠　平成改製原戸籍

この戸籍は、戸籍事項欄に記載されているように、昭和58年５月18日杉山誠・南郷忍の婚姻届が東京都台東区長からの送付により編製された戸籍です。

から移記されています。また、認知者についての認知事項は移記事項ではないので記載されていません。

　なお、認知された子のさくらについては、母英子と父太一の婚姻により準正子となったことから当然に父母の氏を称して父母の戸籍に入籍しています（この取扱いは、昭和62年10月１日民二第5000号通達第５の３により廃止され、父母の戸籍に入籍するためには届出を要することになります。また、入籍の記載については、昭和35年12月16日民事二発第472号第二課長依命通知九（一）に基づいています。）が、準正子とならない場合で母の戸籍から他の戸籍へ入籍する場合は認知事項が移記されます。

　この戸籍は、右側欄外に記載されているように、平成改製により平成20年10月４日改製戸籍（Ｂ－５戸籍）が編製されたため消除され、改製原戸籍となりました。

Ｂ－５　鈴木太一　平成改製戸籍

　この戸籍は、戸籍事項欄に記載されているように、平成改製により平成20年10月４日編製され、現在戸籍として使用されている戸籍です。

Ｂ－６　西川佳彦　戸籍

　この戸籍は、戸籍事項欄に記載されているように、平成18年４月30日西川佳彦・鈴木さくらの婚姻証書が在バンコク総領事からの送付により編製され現在も使用されている戸籍です。

Ｂ－７　高橋弘一　平成改製原戸籍

　この戸籍は、戸籍事項欄に記載されているように、昭和55年４月25日高橋弘一・鈴木道子の婚姻届が横浜市中区長からの送付により編製された戸籍です。

　この戸籍は、右側欄外に記載されているように、平成改製により平成28年９月17日改製戸籍（Ｂ－８戸籍）が編製されたため消除され、改製原戸籍となりました。

Ｂ－８　高橋弘一　平成改製戸籍

　この戸籍は、戸籍事項欄に記載されているように、平成改製により平成28年９月17日編製され、現在戸籍として使用されている戸籍です。

Ｃ－１　北川正雄　平成改製原戸籍

　この戸籍は、戸籍事項欄に記載されているように、昭和28年４月10日北川正雄・鈴木ハルの婚姻届出により編製された戸籍です。

　ハルの出生事項は、戸籍編製時の昭和23年戸籍記載例に基づきＡ－１鈴木伝助戸籍から移記されています。

　この戸籍は、右側欄外に記載されているように、平成改製により平成21年12月14日改製戸籍（Ｃ－２戸籍）が編製されたため消除され、改製原戸籍となりました。

Ｃ－２　北川正雄　除籍

　この戸籍は、戸籍事項欄に記載されているように、平成改製により平成21年12月14

戸主から本籍及び筆頭者により特定されることになりました）は、鈴木伝助ですが改製前に死亡したため身分事項欄は空欄となります。なお、身分事項の移記については35頁を参照してください。

この戸籍は、右側欄外に記載されているように、平成改製（平成6年法務省令第51号附則第2条第1項（以下「平成改製」といいます））により平成20年9月13日改製戸籍（A－3戸籍）が編製されたため消除され、改製原戸籍となりました。

A－3　鈴木伝助　平成改製戸籍

この戸籍は、戸籍事項欄に記載されているように、平成改製により平成20年9月13日編製された戸籍です。

筆頭者は、鈴木伝助ですが改製前に死亡しているため身分事項欄は空欄となります。

この戸籍は、在籍者サトと山田三郎の養子縁組届出により平成23年9月9日消除され除籍となりました。

B－1　鈴木一郎　除籍

この戸籍は、戸籍事項欄に記載されているように、昭和27年6月20日鈴木一郎・田中花子の婚姻届が東京都墨田区長からの送付により編製された戸籍です。

一郎の出生事項は、戸籍編製時の昭和23年戸籍記載例に基づきA－1鈴木伝助戸籍から移記されています。

この戸籍は、平成11年3月30日東京都北区に転籍届出がされ、東京都千代田区へ届書が送付された同年4月3日消除され除籍となりました。

B－2　鈴木一郎　平成改製原戸籍

この戸籍は、戸籍事項欄に記載されているように、平成11年3月30日転籍届出がされ編製された戸籍です。

一郎・花子の出生及び婚姻事項は、戸籍編製時の平成2年戸籍記載例に基づきB－1鈴木一郎戸籍から移記されています。また、養親の養子縁組事項は移記事項ではないので記載されず、養子の新のみ記載されています。

この戸籍は、右側欄外に記載されているように、平成改製により平成15年10月10日改製戸籍（B－3戸籍）が編製されたため消除され、改製原戸籍となりました。

B－3　鈴木一郎　平成改製戸籍

この戸籍は、戸籍事項欄に記載されているように、平成改製により平成15年10月10日編製され、現在戸籍として使用されている戸籍です。

B－4　鈴木太一　平成改製原戸籍

この戸籍は、戸籍事項欄に記載されているように、昭和56年1月28日鈴木太一の分籍届が東京都千代田区長からの送付されたことにより編製された戸籍です。

太一の出生事項は、戸籍編製時の昭和54年戸籍記載例に基づきB－1鈴木一郎戸籍

5　鈴木伝助家族によるＡ－１戸籍からＧ－１戸籍までの戸籍メモ

Ａ－１　鈴木伝助　昭和改製原戸籍

　この戸籍は、戸主の事項欄の２行目に記載されているように鈴木伝助が、旧戸籍法（大正３年戸籍法）施行時の昭和14年８月11日に本家からの分家届によって編製された大正４年式戸籍です。

　昭和20年３月10日の東京大空襲によって滅失しましたが、昭和24年10月25日再製されました。戦災による焼失当時の本籍である本所区は、関東大震災でも全域が被災し、東京大空襲では当時戸籍及び除籍の副本を保管していた区裁判所も被災しましたが、除籍の副本のみ滅失し、戸籍の副本は概ね残りました。そのため、東京大空襲の昭和20年３月10日時点での戸籍は再製されていますが、除籍は再製されていません。

　また、関東大震災により被災した戸籍の再製については、大正８年６月４日付け民事第1616号民事局長回答に基づくため、被災時以前の死亡者及び除籍された者は記載されない取り扱いでした（そのため、例えば、長男の記載がなく二男の記載がある等）。その後、再製戸籍には戸主以外の死亡者その他の除籍者も記載することを相当とするとの昭和15年７月26日付け民事甲第932号民事局長回答が出され、東京大空襲により被災した戸籍の再製については、除籍者も含めて再製されていますが、東京大空襲により被災した戸籍の中には、関東大震災により再製された戸籍も存在しており、東京大空襲により被災した再製戸籍も、一見除籍者が記載されずに再製されたように読めますが、編製事項が大正12年９月１日以前であることにより、関東大震災による再製戸籍を更に東京大空襲により再製した戸籍であると確認できます。なお、再製については、29頁を参照してください。

　戸主の事項欄及び在籍者の各身分事項欄の記載については、記載時の記載例に基づき記載されていますので、昭和22年12月31日まではカタカナ、それ以降はひらがなが使用されています。なお、記載例については、36頁を参照してください。

　この戸籍は、分家によって編製された戸籍であり、在籍者は夫婦とその子供であることから昭和改製（昭和32年法務省令第27号）に基づく昭和33年５月15日の第１次改製（いわゆるみなし改製）によって新たに戸籍が編製された在籍者はいません。さらに、第２次改製により昭和35年11月10日改製戸籍（Ａ－２戸籍）が編製されたため消除され、改製原戸籍となりました。なお、昭和改製の概要については、20頁を参照してください。

Ａ－２　鈴木伝助　昭和改製戸籍・平成改製原戸籍

　この戸籍は、戸籍事項欄に記載されているように、昭和第２次改製（昭和32年法務省令第27号）により昭和35年11月10日編製された戸籍です。

　筆頭者（昭和23年に施行された改正民法により家制度が廃止され、戸籍は本籍及び

A-3

除　　　籍		全　部　事　項　証　明
本　　　籍	東京都墨田区太平一丁目３４番地	
氏　　　名	鈴木　伝助	

戸籍事項	
戸籍改製	【改製日】平成２０年９月１３日
	【改製事由】平成６年法務省令第５１号附則第２条第１項による改製
戸籍消除	【消除日】平成２３年９月９日

戸籍に記録されている者	
	【名】伝助
除　　籍	【生年月日】明治３３年１１月２８日
	【父】鈴木小治郎
	【母】鈴木しん
	【続柄】五男

戸籍に記録されている者	
	【名】サト
除　　籍	【生年月日】昭和１５年１月１４日
	【父】鈴木伝助
	【母】鈴木マツ
	【続柄】三女

身分事項	
出　　　生	【出生日】昭和１５年１月１４日
	【出生地】東京市本所区
	【届出日】昭和１５年１月１９日
	【届出人】父
養子縁組	【縁組日】平成２３年９月９日
	【養子氏名】山田三郎
	【新本籍】東京都墨田区太平一丁目３４番地

以下余白

Ｇ－１　※次頁にＡ－３戸籍を掲載しております。

除　　籍	全　部　事　項　証　明
本　　　籍	東京都墨田区太平一丁目３４番地
氏　　　名	鈴木　サト

戸籍事項	
戸籍編製	【編製日】平成２３年９月９日
戸籍消除	【消除日】令和４年２月２１日

戸籍に記録されている者	【名】サト
除　　籍	【生年月日】昭和１５年１月１４日 【父】鈴木伝助 【母】鈴木マツ 【続柄】三女

身分事項	
出　　　生	【出生日】昭和１５年１月１４日 【出生地】東京市本所区 【届出日】昭和１５年１月１９日 【届出人】父
養子縁組	【縁組日】平成２３年９月９日 【養子氏名】山田三郎
養子離縁	【離縁日】平成２５年３月２日 【養子氏名】鈴木三郎
死　　　亡	【死亡日】令和４年２月２０日 【死亡時分】午前８時３７分 【死亡地】東京都文京区 【届出日】令和４年２月２１日 【届出人】親族　鈴木新

戸籍に記録されている者	【名】三郎
除　　籍	【生年月日】平成２年５月２１日 【父】山田義一 【母】山田真紀子 【続柄】三男

身分事項	
出　　　生	【出生日】平成２年５月２１日 【出生地】東京都江東区 【届出日】平成２年５月２８日 【届出人】父
養子縁組	【縁組日】平成２３年９月９日 【養母氏名】鈴木サト 【従前戸籍】東京都江東区亀戸三丁目１７番地　山田義一
養子離縁	【離縁日】平成２５年３月２日 【養母氏名】鈴木サト 【入籍戸籍】東京都江東区亀戸三丁目１７番地　山田義一

F－4（1枚目：コンピュータ戸籍のため左ページ始まりです。）

<table>
<tr><td colspan="2"></td><td style="text-align:right">全 部 事 項 証 明</td></tr>
<tr><td>本　　　籍</td><td colspan="2">東京都江戸川区松江二丁目５０番</td></tr>
<tr><td>氏　　　名</td><td colspan="2">鈴木　健次郎</td></tr>
<tr><td colspan="3">戸籍事項
　　戸籍編製</td></tr>
</table>

戸籍事項 　　戸籍編製	【編製日】平成１４年１０月８日
戸籍に記録されている者 　　　　除　　籍	【名】健次郎 【生年月日】昭和４８年７月１５日 【父】鈴木雄三 【母】鈴木一枝 【続柄】二男
身分事項 　　出　　生	【出生日】昭和４８年７月１５日 【出生地】東京都港区 【届出日】昭和４８年７月２２日 【届出人】父
婚　　姻	【婚姻日】平成１４年１０月８日 【配偶者氏名】河野明美 【従前戸籍】東京都港区芝愛宕町一丁目５７番地　鈴木雄三
離　　婚	【離婚日】平成１６年７月９日 【配偶者氏名】鈴木明美
婚　　姻	【婚姻日】平成１８年５月２３日 【配偶者氏名】山川景子
死　　亡	【死亡日】令和元年６月１０日 【死亡時分】午後４時１５分 【死亡地】東京都江東区 【届出日】令和元年６月１１日 【届出人】親族　鈴木景子
戸籍に記録されている者 　　　　除　　籍	【名】明美 【生年月日】昭和５０年９月１７日 【父】河野陽平 【母】河野京子 【続柄】二女
身分事項 　　出　　生	【出生日】昭和５０年９月１７日 【出生地】東京都江戸川区 【届出日】昭和５０年９月２４日 【届出人】父
婚　　姻	【婚姻日】平成１４年１０月８日 【配偶者氏名】鈴木健次郎 【従前戸籍】東京都江戸川区小松川一丁目１２３番地　河野陽平

以下次頁

	全　部　事　項　証　明
離　　　婚	【離婚日】平成１６年７月９日
	【配偶者氏名】鈴木健次郎
氏 の 変 更	【氏変更日】平成１６年７月９日
	【氏変更の事由】戸籍法７７条の２の届出
	【新本籍】東京都江戸川区小松川一丁目１２３番地
戸籍に記録されている者	【名】景子
	【生年月日】昭和５２年４月２１日
	【父】山川吾一
	【母】山川静子
	【続柄】三女
身分事項	
出　　　生	【出生日】昭和５２年４月２１日
	【出生地】東京都世田谷区
	【届出日】昭和５２年４月２８日
	【届出人】父
婚　　　姻	【婚姻日】平成１８年５月２３日
	【配偶者氏名】鈴木健次郎
	【従前戸籍】東京都世田谷区等々力一丁目２番地　山川吾一
配偶者の死亡	【配偶者の死亡日】令和元年６月１０日
	以下余白

F－3（1枚目：コンピュータ戸籍のため左ページ始まりです。）

	全 部 事 項 証 明
本　　　籍	東京都中野区中野二丁目１２番
氏　　　名	前田　耕太

戸籍事項	
戸籍編製	【編製日】平成１２年９月１０日

戸籍に記録されている者	
	【名】耕太
	【生年月日】昭和４７年５月１７日　　　【配偶者区分】夫 【父】前田大介 【母】前田晴子 【続柄】長男
身分事項 　　出　　生	【出生日】昭和４７年５月１７日 【出生地】東京都中野区 【届出日】昭和４７年５月２５日 【届出人】父
婚　　姻	【婚姻日】平成１２年９月１０日 【配偶者氏名】鈴木正恵 【従前戸籍】東京都中野区中野一丁目４５番地　前田大介

戸籍に記録されている者	
	【名】正恵
	【生年月日】昭和４６年９月２３日　　　【配偶者区分】妻 【父】鈴木雄三 【母】鈴木一枝 【続柄】長女
身分事項 　　出　　生	【出生日】昭和４６年９月２３日 【出生地】東京都港区 【届出日】昭和４６年９月３０日 【届出人】父
婚　　姻	【婚姻日】平成１２年９月１０日 【配偶者氏名】前田耕太 【従前戸籍】東京都港区芝愛宕町一丁目５７番地　鈴木雄三

戸籍に記録されている者	
	【名】めぐみ
	【生年月日】平成１３年１２月１１日 【父】前田耕太 【母】前田正恵 【続柄】長女
身分事項 　　出　　生	【出生日】平成１３年１２月１１日

以下次頁

	全　部　事　項　証　明
	【出生地】東京都文京区 【届出日】平成１３年１２月１８日 【届出人】父
戸籍に記録されている者	【名】正明 【生年月日】平成１５年１１月２２日 【父】前田耕太 【母】前田正恵 【続柄】長男
身分事項 　　出　　　生	【出生日】平成１５年１１月２２日 【出生地】東京都台東区 【届出日】平成１５年１１月３０日 【届出人】父
	以下余白

F－2 （1枚目：コンピュータ戸籍のため左ページ始まりです。）

除　　　籍		全　部　事　項　証　明
本　　　籍	東京都港区芝愛宕町一丁目５７番地	
氏　　　名	鈴木　雄三	

戸籍事項	
戸籍改製	【改製日】平成２０年１０月４日
	【改製事由】平成６年法務省令第５１号附則第２条第１項による改製
戸籍消除	【消除日】令和３年４月１３日

戸籍に記録されている者	
	【名】雄三
 除　　籍	【生年月日】昭和１１年１０月１５日 【父】鈴木伝助 【母】鈴木マツ 【続柄】三男

身分事項	
出　　　生	【出生日】昭和１１年１０月１５日 【出生地】東京市本郷区 【届出日】昭和１１年１０月２３日 【届出人】父
婚　　　姻	【婚姻日】昭和４１年９月１１日 【配偶者氏名】西山一枝 【従前戸籍】東京都墨田区太平町一丁目３４番地　鈴木伝助
配偶者の死亡	【配偶者の死亡日】平成２９年６月２６日
死　　　亡	【死亡日】平成３０年３月２６日 【死亡時分】午後１０時２０分 【死亡地】東京都文京区 【届出日】平成３０年３月２７日 【届出人】親族　鈴木麻美

戸籍に記録されている者	
	【名】一枝
 除　　籍	【生年月日】昭和１５年２月１７日 【父】西山銀蔵 【母】西山ハツ 【続柄】三女

身分事項	
出　　　生	【出生日】昭和１５年２月１７日 【出生地】東京市城東区 【届出日】昭和１５年２月２３日 【届出人】父
婚　　　姻	【婚姻日】昭和４１年９月１１日 【配偶者氏名】鈴木雄三 【従前戸籍】東京都江東区亀戸二丁目１１５番地　西山銀蔵
死　　　亡	【死亡日】平成２９年６月２６日

以下次頁

70　　　　　　　　　　　　　　　　　（81）

	全　部　事　項　証　明
	【死亡時分】午前９時５０分 【死亡地】東京都文京区 【届出日】平成２９年６月２７日 【届出人】親族　鈴木雄三
戸籍に記録されている者 ■ 除　籍 ■	【名】真太郎 【生年月日】昭和４３年１０月５日 【父】鈴木雄三 【母】鈴木一枝 【続柄】長男
身分事項 　　出　　生 　　死　　亡	【出生日】昭和４３年１０月５日 【出生地】東京都港区 【届出日】昭和４３年１０月１２日 【届出人】父 【死亡日】平成２８年６月２７日 【死亡時分】午前７時４０分 【死亡地】東京都文京区 【届出日】平成２８年６月２８日 【届出人】親族　鈴木雄三
戸籍に記録されている者 ■ 除　籍 ■	【名】麻美 【生年月日】昭和５０年５月２３日 【父】鈴木雄三 【母】鈴木一枝 【続柄】二女
身分事項 　　出　　生 　　死　　亡	【出生日】昭和５０年５月２３日 【出生地】東京都港区 【届出日】昭和５０年５月３０日 【届出人】父 【死亡日】令和３年４月１２日 【死亡時分】午後５時２０分 【死亡地】東京都文京区 【届出日】令和３年４月１３日 【届出人】親族　前田正恵
	以下余白

F－1（第2葉）

									昭和五拾年五月弐拾参日東京都港区で出生同月参拾日父届出入籍㊞
出生			母	父	出生			母	父
					昭和五拾年五月弐拾参日	麻 美		一 枝	鈴 木 雄 三
								女	二

72　　　　　　　　　　　　　（79）

昭和四拾六年九月弐拾参日東京都港区で出生同月参拾日父届出入籍㊞

平成拾弐年九月拾日前田耕太と婚姻届出同月拾参日東京都中野区長から

送付同区中野二丁目十二番に夫の氏の新戸籍編製につき除籍㊞

| 父 | 鈴木雄三 | 長 |
| 母 | 一枝 | 女 |

出生　昭和四拾六年九月弐拾参日

正恵

昭和四拾八年七月拾五日東京都港区で出生同月弐拾弐日父届出入籍㊞

平成拾四年拾月八日河野明美と婚姻届出同月拾弐日東京都江戸川区長か

ら送付同区松江二丁目五十番に夫の氏の新戸籍編製につき除籍㊞

| 父 | 鈴木雄三 | 二 |
| 母 | 一枝 | 男 |

出生　昭和四拾八年七月拾五日

健次郎

昭和拾五年弐月拾七日東京市城東区亀戸町三丁目六百番地で出生父西山

銀蔵届出同月弐拾参日受附入籍㊞

昭和四拾壱年九月拾壱日鈴木雄三と婚姻届出東京都江東区亀戸二丁目百

十五番地西山銀蔵戸籍より入籍㊞

昭和四拾参年拾月五日本籍で出生父鈴木雄三届出同月拾弐日受附入籍㊞

父	西山銀蔵	三
母	ハツ	女
妻	一枝	出生　昭和拾五年弐月拾七日
父	鈴木雄三	長
母	一枝	男
	真太郎	出生　昭和四拾参年拾月五日

						丁目三十四番地鈴木伝助戸籍より入籍㊞	西山一枝と婚姻届出昭和四拾壱年九月拾壱日受附東京都墨田区太平町一	助届出同月弐拾参日受附入籍㊞	昭和拾壱年拾月拾五日東京市本郷区根津八重垣町一番地で出生父鈴木伝		戸籍編製㊞	婚姻の届出により昭和四拾壱年九月拾壱日夫婦につき本	籍　　本　　東京都港区芝愛宕町一丁目五十七番地	改製原戸籍　平成六年法務省令第五一号附則第二条第一項による改製につき平成弐拾年拾月四日消除㊞
													名　　氏　　鈴　木　雄　三	
生出		夫		母	父									
昭和拾壱年拾月拾五日		雄　三		鈴　木　マ　ツ	鈴　木　伝　助　三男									

(76)　75

E−5（1枚目：コンピュータ戸籍のため左ページ始まりです。）

	全 部 事 項 証 明

本　　　籍	東京都大田区池上二丁目３番
氏　　　名	鈴木　福二

戸籍事項	
戸籍編製	【編製日】平成１２年３月１８日

戸籍に記録されている者	
 【名】福二 【生年月日】昭和４７年４月１２日 【父】鈴木孝二 【母】鈴木和子 【続柄】二男 （除　籍）	

身分事項	
出　　生	【出生日】昭和４７年４月１２日 【出生地】東京都文京区 【届出日】昭和４７年４月２２日 【届出人】父
婚　　姻	【婚姻日】平成１２年３月１８日 【配偶者氏名】森田佳子 【従前戸籍】東京都文京区白山一丁目１１１番地　鈴木孝二
死　　亡	【死亡日】平成２０年５月１７日 【死亡時分】午後９時１５分 【死亡地】東京都千代田区 【届出日】平成２０年５月１８日 【届出人】親族　鈴木佳子

戸籍に記録されている者	
 【名】佳子 【生年月日】昭和４９年９月２１日 【父】森田明 【母】森田早苗 【続柄】長女	

身分事項	
出　　生	【出生日】昭和４９年９月２１日 【出生地】東京都品川区 【届出日】昭和４９年９月２８日 【届出人】父
婚　　姻	【婚姻日】平成１２年３月１８日 【配偶者氏名】鈴木福二 【従前戸籍】東京都品川区旗の台一丁目１６番地　森田明
配偶者の死亡	【配偶者の死亡日】平成２０年５月１７日

戸籍に記録されている者	
【名】博	

以下次頁

	全 部 事 項 証 明
	【生年月日】平成15年10月8日 【父】鈴木福二 【母】鈴木佳子 【続柄】長男
身分事項 　　出　　生	【出生日】平成15年10月8日 【出生地】東京都大田区 【届出日】平成15年10月16日 【届出人】父
	以下余白

E－4（1枚目：コンピュータ戸籍のため左ページ始まりです。）

<table>
<tr><td colspan="2" style="text-align:right"></td><td>全 部 事 項 証 明</td></tr>
</table>

本　　　籍	東京都文京区白山一丁目１１１番地
氏　　　名	鈴木　幸一

戸籍事項 　戸籍改製	【改製日】平成２０年１０月４日 【改製事由】平成６年法務省令第５１号附則第２条第１項による改製

戸籍に記録されている者	【名】幸一
除　籍	【生年月日】昭和４５年９月１５日 【父】鈴木孝二 【母】鈴木和子 【続柄】長男

身分事項 　出　　　生	【出生日】昭和４５年９月１５日 【出生地】東京都文京区 【届出日】昭和４５年９月２２日 【届出人】父
婚　　　姻	【婚姻日】平成１０年１１月８日 【配偶者氏名】高山藍 【婚姻の方式】アメリカ合衆国ハワイ州の方式 【証書提出日】平成１０年１１月３０日 【送付を受けた日】平成１０年１２月２０日 【受理者】在ハワイ総領事 【従前戸籍】東京都文京区白山一丁目１１１番地　鈴木孝二
死　　　亡	【死亡日】令和元年１０月２６日 【死亡時分】午前１０時３５分 【死亡地】東京都文京区 【届出日】令和元年１０月２６日 【届出人】親族　鈴木藍

戸籍に記録されている者	【名】藍
	【生年月日】昭和４７年１１月１５日 【父】高山信次郎 【母】高山テル 【続柄】二女

身分事項 　出　　　生	【出生日】昭和４７年１１月１５日 【出生地】東京都台東区 【届出日】昭和４７年１１月２３日 【届出人】父
婚　　　姻	【婚姻日】平成１０年１１月８日 【配偶者氏名】鈴木幸一

以下次頁

Ｅ－４（2枚目）

	全　部　事　項　証　明
	【婚姻の方式】アメリカ合衆国ハワイ州の方式
	【証書提出日】平成１０年１１月３０日
	【送付を受けた日】平成１０年１２月２０日
	【受理者】在ハワイ総領事
	【従前戸籍】東京都台東区谷中一丁目８番地　高山信次郎
配偶者の死亡	【配偶者の死亡日】令和元年１０月２６日
	以下余白

昭和四拾七年拾壱月拾五日東京都台東区で出生同月弐拾参日父届出

入籍㊞

平成拾年拾壱月八日鈴木幸一とアメリカ合衆国ハワイ州の方式により婚姻同月参拾日証書提出同年拾弐月弐拾日在ハワイ総領事から送付

東京都台東区谷中一丁目八番地高山信次郎戸籍から入籍㊞

父　高山　信次郎　二

母　テル　女

妻　藍

出生　昭和四拾七年拾壱月拾五日

父

母

出生

80　　　　　（71）

					京都文京区白山一丁目百十一番地鈴木孝二戸籍から入籍㊞	婚姻同月参拾日証書提出同年拾弐月弐拾日在ハワイ総領事から送付東	平成拾年拾月八日高山藍とアメリカ合衆国ハワイ州の方式により	籍㊞	昭和四拾五年九月拾五日東京都文京区で出生同月弐拾弐日父届出入				平成拾年拾弐月弐拾日編製㊞	籍　　　本　　東京都文京区白山一丁目百十一番地	改製原戸籍　平成六年法務省令第五一号附則第二条第一項による改製につき平成弐拾年拾月四日消除㊞
				生出	夫			母	父					名　　氏	
				昭和四拾五年九月拾五日	幸一			鈴木和子	鈴木孝二					鈴　木　幸　一	
								女	長男						

E－2（1枚目：コンピュータ戸籍のため左ページ始まりです。）

除　　籍		全　部　事　項　証　明
本　　　籍	東京都文京区白山一丁目１１１番地	
氏　　　名	鈴木　孝二	

戸籍事項	
戸籍改製	【改製日】平成２０年１０月４日
	【改製事由】平成６年法務省令第５１号附則第２条第１項による改製
戸籍消除	【消除日】平成３０年２月１６日

戸籍に記録されている者	
	【名】孝二
┌─────┐ │　除　　籍　│ └─────┘	【生年月日】昭和９年６月８日 【父】鈴木伝助 【母】鈴木マツ 【続柄】二男

身分事項	
出　　生	【出生日】昭和９年６月８日
	【出生地】東京市本郷区
	【届出日】昭和９年６月１６日
	【届出人】父
婚　　姻	【婚姻日】昭和４３年３月２１日
	【配偶者氏名】山崎和子
	【従前戸籍】東京都墨田区太平一丁目３４番地　鈴木伝助
配偶者の死亡	【配偶者の死亡日】平成２３年９月６日
死　　亡	【死亡日】平成２７年４月１２日
	【死亡時分】午後８時３０分
	【死亡地】東京都文京区
	【届出日】平成２７年４月１３日
	【届出人】親族　鈴木幸一

戸籍に記録されている者	
	【名】和子
┌─────┐ │　除　　籍　│ └─────┘	【生年月日】昭和１２年５月２１日 【父】山崎春明 【母】山崎昌江 【続柄】長女

身分事項	
出　　生	【出生日】昭和１２年５月２１日
	【出生地】栃木県芳賀郡茂木町
	【届出日】昭和１２年５月２７日
	【届出人】父
婚　　姻	【婚姻日】昭和４３年３月２１日
	【配偶者氏名】鈴木孝二
	【従前戸籍】栃木県芳賀郡茂木町大字小井戸８番地　山崎春明
死　　亡	【死亡日】平成２３年９月６日
	【死亡時分】午前５時５０分

以下次頁

	全 部 事 項 証 明

	【死亡地】東京都文京区
	【届出日】平成２３年９月７日
	【届出人】親族　鈴木孝二
戸籍に記録されている者	【名】三津子
	【生年月日】昭和４９年３月２５日
除　　籍	【父】鈴木孝二
	【母】鈴木和子
	【続柄】長女
身分事項	
出　　生	【出生日】昭和４９年３月２５日
	【出生地】東京都文京区
	【届出日】昭和４９年４月３日
	【届出人】父
死　　亡	【死亡日】平成３０年２月１５日
	【死亡時分】午前９時４５分
	【死亡地】東京都文京区
	【届出日】平成３０年２月１６日
	【届出人】親族　鈴木幸一
	以下余白

E－1（第2葉）

| | | | | | | | | | 母 | 父 | | | | | | | | | | 母 | 父 |
|出生| | | | | | | | | | |出生| | | | | | | | | | |

E－1 （第2葉）

籍印
昭和四拾七年四月拾弐日東京都文京区で出生同月弐拾弐日父届出入

父　鈴木孝二　二男
母　和子

福二

平成拾弐年参月拾八日森田佳子と婚姻届出同月弐拾壱日東京都大田
区長から送付同区池上二丁目三番に夫の氏の新戸籍編製につき除籍印

父　鈴木孝二　長男
母　和子

生出　昭和四拾七年四月拾弐日

入籍印
昭和四拾九年参月弐拾五日東京都文京区で出生同年四月参日父届出

父　鈴木孝二　長女
母　和子

三津子

生出　昭和四拾九年参月弐拾五日

（66）

85

E－1（第1葉）

京都文京区白山一丁目百十一番地に夫の氏の新戸籍編製につき除籍㊞	婚姻同月参拾日証書提出同年拾弐月弐拾日在ハワイ総領事から送付東	平成拾年拾壱月八日高山藍とアメリカ合衆国ハワイ州の方式により	籍㊞	昭和四拾五年九月拾五日東京都文京区で出生同月弐拾弐日父届出入				大字小井戸八番地山崎春明戸籍より入籍㊞	昭和四拾参年参月弐拾壱日鈴木孝二と婚姻届出栃木県芳賀郡茂木町

生父山崎春明届出同月弐拾七日受附入籍㊞	昭和拾弐年五月弐拾壱日栃木県芳賀郡茂木町大字小井戸八番地で出

下段（氏名等）

出生 昭和四拾五年九月拾五日	幸一（×）	母 和子	父 鈴木孝二	出生 昭和拾弐年五月弐拾壱日 妻 和子	母 昌江	父 山崎春明
		男	長		女	長

改製原戸籍

平成六年法務省令第五一号附則第二条第一項による改製につき平成弐拾年拾月四日消除㊞

						平一丁目三十四番地鈴木伝助戸籍より入籍㊞	山崎和子と婚姻届出昭和四拾参年参月弐拾壱日受附東京都墨田区太	助届出同月拾六日受附入籍㊞	昭和九年六月八日東京市本郷区根津八重垣町一番地で出生父鈴木伝		き本戸籍編製㊞	婚姻の届出により昭和四拾参年参月弐拾壱日夫婦につ	籍　　本
													東京都文京区白山一丁目百十一番地
													氏　　名
							母		父				鈴　木　孝　二
生出		夫					鈴		鈴				
				孝			木		木				
昭和九年六月八日				二			伝		伝				
							助	マツ	助				
							二	男	二				

D−6　（1枚目：コンピュータ戸籍のため左ページ始まりです。）

<table>
<tr><td colspan="2" style="text-align:right">全 部 事 項 証 明</td></tr>
<tr><td>本　　籍</td><td>東京都渋谷区代々木一丁目５３番地</td></tr>
<tr><td>氏　　名</td><td>杉山　実</td></tr>
<tr><td>戸籍事項
　戸籍改製</td><td>【改製日】平成１４年１２月２８日
【改製事由】平成６年法務省令第５１号附則第２条第１項による改製</td></tr>
<tr><td>戸籍に記録されている者

　　　　　除　　籍</td><td>【名】実

【生年月日】昭和３６年７月２日
【父】杉山恵三
【母】杉山フミ
【続柄】二男</td></tr>
<tr><td>身分事項
　出　　生

　婚　　姻

　死　　亡</td><td>【出生日】昭和３６年７月２日
【出生地】東京都江東区
【届出日】昭和３６年７月１０日
【届出人】父
【婚姻日】平成元年４月３０日
【配偶者氏名】森加代子
【従前戸籍】東京都中央区日本橋室町１５番地　杉山恵三
【死亡日】平成２０年５月１７日
【死亡時分】午後９時１５分
【死亡地】東京都千代田区
【届出日】平成２０年５月１８日
【届出人】親族　杉山加代子</td></tr>
<tr><td>戸籍に記録されている者</td><td>【名】加代子

【生年月日】昭和４０年１０月１２日
【父】森与一
【母】森栄子
【続柄】二女</td></tr>
<tr><td>身分事項
　出　　生

　婚　　姻

　配偶者の死亡</td><td>【出生日】昭和４０年１０月１２日
【出生地】東京都台東区
【届出日】昭和４０年１０月１８日
【届出人】父
【婚姻日】平成元年４月３０日
【配偶者氏名】杉山実
【従前戸籍】東京都台東区蔵前一丁目３６番地　森与一
【配偶者の死亡日】平成２０年５月１７日</td></tr>
<tr><td>戸籍に記録されている者</td><td>【名】陽子</td></tr>
</table>

以下次頁

D－6　（2枚目）

	全 部 事 項 証 明
	【生年月日】平成３年１月１８日
	【父】杉山実
	【母】杉山加代子
	【続柄】長女
身分事項 　　出　　　生	
	【出生日】平成３年１月１８日
	【出生地】東京都江東区
	【届出日】平成３年１月２５日
	【届出人】父
	以下余白

D−5（第1葉）

		平成参年壱月拾八日東京都江東区で出生同月弐拾五日父届出入籍㊞			地森与一戸籍から入籍㊞	平成元年四月参拾日杉山実と婚姻届出東京都台東区蔵前一丁目三十六番	昭和四拾年拾月拾弐日東京都台東区で出生同月拾八日父届出入籍㊞	
生出		母	父	生出		妻	母	父
平成参年壱月拾八日	陽　子	杉山　加代子	杉山　実	昭和四拾年拾月拾弐日		加代子	森　栄子	森　与一二
		女	長				女	

D－5（第1葉）

										本　籍	改製原戸籍
							平成元年四月参拾日編製㊞			東京都渋谷区代々木一丁目五十三番地	平成六年法務省令第五一号附則第二条第一項による改製につき平成拾四年拾弐月弐拾八日消除㊞

生出	夫	母	父					氏　名
昭和参拾六年七月弐日	実	杉山　フミ	杉山　恵三　二　男					杉山　実

地杉山恵三戸籍から入籍㊞

平成元年四月参拾日森加代子と婚姻届出東京都中央区日本橋室町十五番

昭和参拾六年七月弐日東京都江東区で出生同月拾日父届出入籍㊞

D－4 （1枚目：コンピュータ戸籍のため左ページ始まりです。）

<table>
<tr><td colspan="2" align="right">全 部 事 項 証 明</td></tr>
<tr><td>本　　　籍</td><td>東京都江東区大島五丁目７２番地</td></tr>
<tr><td>氏　　　名</td><td>杉山　誠</td></tr>
<tr><td>戸籍事項
　戸籍改製</td><td>【改製日】平成１１年１１月２０日
【改製事由】平成６年法務省令第５１号附則第２条第１項による改製</td></tr>
<tr><td>戸籍に記録されている者

　　　　除　　籍</td><td>【名】誠

【生年月日】昭和３４年６月２４日
【父】杉山恵三
【母】杉山フミ
【続柄】長男</td></tr>
<tr><td>身分事項
　出　　生

　婚　　姻

　死　　亡</td><td>【出生日】昭和３４年６月２４日
【出生地】東京都江東区
【届出日】昭和３４年６月３０日
【届出人】父
【婚姻日】昭和５８年５月１５日
【配偶者氏名】南郷忍
【送付を受けた日】昭和５８年５月１８日
【受理者】東京都台東区長
【従前戸籍】東京都中央区日本橋室町１５番地　杉山恵三
【死亡日】平成３０年７月９日
【死亡時分】午前８時３６分
【死亡地】東京都文京区
【届出日】平成３０年７月１０日
【届出人】親族　杉山忍
【送付を受けた日】平成３０年７月１２日
【受理者】東京都文京区長</td></tr>
<tr><td>戸籍に記録されている者</td><td>【名】忍

【生年月日】昭和３４年９月３０日
【父】南郷勇造
【母】南郷静子
【続柄】長女</td></tr>
<tr><td>身分事項
　出　　生

　婚　　姻</td><td>【出生日】昭和３４年９月３０日
【出生地】東京都江東区
【届出日】昭和３４年１０月８日
【届出人】父
【婚姻日】昭和５８年５月１５日
【配偶者氏名】杉山誠</td></tr>
</table>

以下次頁

	全　部　事　項　証　明
	【送付を受けた日】昭和５８年５月１８日
	【受理者】東京都台東区長
	【従前戸籍】東京都墨田区太平一丁目１６番地　南郷勇造
配偶者の死亡	【配偶者の死亡日】平成３０年７月９日
	以下余白

D－3（第1葉）

								妻	母	父
									南	南
									郷	郷
								忍	静	勇
									子	造

昭和参拾四年九月参拾日東京都江東区で出生同年拾月八日父届出入籍㊞

昭和五拾八年五月拾五日杉山誠と婚姻届出同月拾八日東京都台東区長から送付東京都墨田区太平一丁目十六番地南郷勇造戸籍から入籍㊞

出生						母	父	出生		
								昭和参拾四年九月参拾日		

父　南　郷　勇　造　長

母　静　子　女

D－3（第1葉）

籍　本	東京都江東区大島五丁目七十二番地			

昭和五拾八年五月拾八日編製㊞

昭和参拾四年六月弐拾四日東京都江東区で出生同月参拾日父届出入籍㊞

昭和五拾八年五月拾五日南郷忍と婚姻届出同月拾八日東京都台東区長か

ら送付東京都中央区日本橋室町十五番地杉山恵三戸籍から入籍㊞

	名　氏	杉　山　誠

父	杉　山　恵　三	長
母	フ　ミ	男
夫	誠	
出生	昭和参拾四年六月弐拾四日	

D−2（1枚目：コンピュータ戸籍のため左ページ始まりです。）

除　籍		全　部　事　項　証　明
本　　籍	東京都中央区日本橋室町１５番地	
氏　　名	杉山　恵三	

戸籍事項	
戸籍改製	【改製日】平成１７年８月１日
	【改製事由】平成６年法務省令第５１号附則第２条第１項による改製
戸籍消除	【消除日】令和２年１２月１０日

戸籍に記録されている者	
  除　籍 	【名】恵三 【生年月日】昭和５年７月２１日 【父】杉山武男 【母】杉山繁子 【続柄】三男

身分事項	
出　　生	【出生日】昭和５年７月２１日 【出生地】東京市芝区 【届出日】昭和５年７月２８日 【届出人】父
婚　　姻	【婚姻日】昭和３０年５月１２日 【配偶者氏名】鈴木フミ 【従前戸籍】東京都港区愛宕町三丁目５２番地　杉山武男
死　　亡	【死亡日】平成２８年２月１９日 【死亡時分】午後７時４１分 【死亡地】東京都江東区 【届出日】平成２８年２月２０日 【届出人】親族　杉山フミ

戸籍に記録されている者	
  除　籍 	【名】フミ 【生年月日】昭和６年１２月６日 【父】鈴木伝助 【母】鈴木マツ 【続柄】二女

身分事項	
出　　生	【出生日】昭和６年１２月６日 【出生地】東京市本郷区 【届出日】昭和６年１２月１４日 【届出人】父
婚　　姻	【婚姻日】昭和３０年５月１２日 【配偶者氏名】杉山恵三 【従前戸籍】東京都墨田区太平町一丁目３４番地　鈴木伝助
配偶者の死亡	【配偶者の死亡日】平成２８年２月１９日

以下次頁

D－2（2枚目）

	全　部　事　項　証　明
死　　亡	【死亡日】令和2年12月9日 【死亡時分】午後10時35分 【死亡地】東京都江東区 【届出日】令和2年12月10日 【届出人】親族　杉山誠
	以下余白

D－1 (第2葉)

出生											母	父	出生											母	父

				母	父	出生		母	父
								杉 山 フ ミ	杉 山 恵 三
							実		二
									男

昭和参拾六年七月弐日東京都江東区大島五丁目七十二番地で出生父杉山

恵三届出同月拾日受附入籍㊞

平成元年四月参拾日森加代子と婚姻届出同年五月七日東京都渋谷区長か

ら送付同区代々木一丁目五十三番地に夫の氏の新戸籍編製につき除籍㊞

出生 昭和参拾六年七月弐日

			籍㊞	ら送付東京都江東区大島五丁目七十二番地に夫の氏の新戸籍編製につき除	昭和五拾八年五月拾五日南郷忍と婚姻届出同月拾八日東京都台東区長か	杉山恵三届出同月参拾日受附入籍㊞	昭和参拾四年六月弐拾四日東京都江東区大島五丁目七十二番地で出生父				十四番地鈴木伝助戸籍より入籍㊞	昭和参拾年五月拾弐日杉山恵三と婚姻届出東京都墨田区太平町一丁目三	届出同月拾四日受附入籍㊞	昭和六年拾弐月六日東京市本郷区根津八重垣町一番地で出生父鈴木伝助	
生出					母	父	生出		妻			母	父	
昭和参拾四年六月弐拾四日		誠			杉山フミ	杉山恵三	昭和六年拾弐月六日		フミ			マツ	鈴木伝助	二
					男	長						女		

100　　　　　　　　　　　（51）

					五十二番地杉山武男戸籍より入籍㊞	鈴木フミと婚姻届出昭和参拾年五月拾弐日受附東京都港区愛宕町三丁目	武男届出同月弐拾八日受附入籍㊞	昭和五年七月弐拾壱日東京市芝区愛宕町三丁目五十二番地で出生父杉山			籍編製㊞	婚姻の届出により昭和参拾年五月拾弐日夫婦につき本戸	本　　籍	改製原戸籍
													東京都中央区日本橋室町十五番地	平成六年法務省令第五一号附則第二条第一項による改製につき平成拾七年八月壱日消除㊞
													氏　　名	
													杉　山　恵　三	
生出		夫					母	父						
昭和五年七月弐拾壱日			恵　　三				杉　山　繁　子	杉　山　武　男						
								三　　男						

	全 部 事 項 証 明

本　　　籍	東京都墨田区石原二丁目３４番地
氏　　　名	北川　冬男

戸籍事項 　戸籍改製	【改製日】平成２０年９月１３日 【改製事由】平成６年法務省令第５１号附則第２条第１項による改製

戸籍に記録されている者	【名】冬男
除　籍	【生年月日】昭和３２年６月１０日 【父】北川正雄 【母】北川ハル 【続柄】長男

身分事項 　出　　生	【出生日】昭和３２年６月１０日 【出生地】大阪市北区 【届出日】昭和３２年６月１６日 【届出人】父
婚　　姻	【婚姻日】昭和５８年３月２０日 【配偶者氏名】山川三枝 【送付を受けた日】昭和５８年３月２３日 【受理者】東京都千代田区長 【従前戸籍】大阪市北区老松町６番地　北川正雄
死　　亡	【死亡日】令和４年８月２５日 【死亡時分】午前１１時２６分 【死亡地】東京都文京区 【届出日】令和４年８月２６日 【届出人】親族　北川三枝 【送付を受けた日】令和４年８月２８日 【受理者】東京都文京区長

戸籍に記録されている者	【名】三枝
	【生年月日】昭和３４年１１月１７日 【父】山川銀蔵 【母】山川トク 【続柄】三女

身分事項 　出　　生	【出生日】昭和３４年１１月１７日 【出生地】東京都江東区 【届出日】昭和３４年１１月２５日 【届出人】父
婚　　姻	【婚姻日】昭和５８年３月２０日 【配偶者氏名】北川冬男

以下次頁

C－6（2枚目）

	全　部　事　項　証　明
	【送付を受けた日】昭和５８年３月２３日 【受理者】東京都千代田区長 【従前戸籍】東京都江東区古石場一丁目６番地　山川銀蔵
配偶者の死亡	【配偶者の死亡日】令和４年８月２５日
	以下余白

C－5（第1葉）

入籍㊞

昭和参拾四年拾壱月拾七日東京都江東区で出生同月弐拾五日父届出

入籍㊞

昭和五拾八年参月弐拾日北川冬男と婚姻届出同月弐拾参日東京都千

代田区長から送付東京都江東区古石場一丁目六番地山川銀蔵戸籍から

| | | 父 | 山川 銀蔵 | 三 |
| | | 母 | トク | 女 |

妻　　三枝

| 父 | | |
| 母 | 生出 | 昭和参拾四年拾壱月拾七日 |

| | 生出 | |

104　　　　　　　　　　（47）

改製原戸籍

平成六年法務省令第五一号附則第二条第一項による改製につき平成弐拾年九月拾参日消除㊞

| 本　籍 | | | | 東京都墨田区石原二丁目三十四番地 | | |

昭和五拾八年参月弐拾参日編製㊞

代田区長から送付大阪市北区老松町六番地北川正雄戸籍から入籍㊞

昭和五拾八年参月弐拾日山川三枝と婚姻届出同月弐拾参日東京都千

昭和参拾弐年六月拾日大阪市北区で出生同月拾六日父届出入籍㊞

| 氏　名 | | 北　川　冬　男 |

父	北　川　正　雄	長
母	ハ　ル	男
夫	冬　　　男	
出生	昭和参拾弐年六月拾日	

C-4（1枚目：コンピュータ戸籍のため左ページ始まりです。）

	全 部 事 項 証 明

本　　　籍	東京都江東区木場五丁目１０番地
氏　　　名	東野　五郎

戸籍事項 　戸籍改製 　転　　籍	【改製日】平成１１年１１月２０日 【改製事由】平成６年法務省令第５１号附則第２条第１項による改製 【転籍日】平成２１年５月１０日 【従前の記録】 　【本籍】東京都江東区永代二丁目５番地
戸籍に記録されている者	【名】五郎 【生年月日】昭和２５年５月１６日 【父】東野勇治 【母】東野恵美子 【続柄】二男
身分事項 　出　　生 　婚　　姻 　配偶者の死亡	【出生日】昭和２５年５月１６日 【出生地】東京都北区 【届出日】昭和２５年５月２１日 【届出人】父 【婚姻日】昭和５３年１１月１５日 【配偶者氏名】北川秋子 【従前戸籍】東京都北区王子三丁目８番地　東野勇治 【配偶者の死亡日】平成２７年２月１９日
戸籍に記録されている者 　　除　　籍	【名】秋子 【生年月日】昭和２９年３月２１日 【父】北川正雄 【母】北川ハル 【続柄】長女
身分事項 　出　　生 　婚　　姻 　死　　亡	【出生日】昭和２９年３月２１日 【出生地】大阪市北区 【届出日】昭和２９年３月２８日 【届出人】父 【婚姻日】昭和５３年１１月１５日 【配偶者氏名】東野五郎 【従前戸籍】大阪市北区老松町６番地　北川正雄 【死亡日】平成２７年２月１９日 【死亡時分】午後１０時２１分 【死亡地】東京都千代田区 【届出日】平成２７年２月２０日

以下次頁

106　　　　　　　　　　　　　　（45）

C－4（2枚目）

	全 部 事 項 証 明
	【届出人】親族　東野五郎 【送付を受けた日】平成２７年２月２２日 【受理者】東京都千代田区長
	以下余白

C−3 （第1葉）

昭和弐拾九年参月弐拾壱日大阪市北区で出生同月弐拾八日父届出入籍㊞

昭和五拾参年拾壱月拾五日東野五郎と婚姻届出大阪市北区老松町六番地

北川正雄戸籍から入籍㊞

父　北川正雄　長
母　ハル　女

妻　秋子

生出　昭和弐拾九年参月弐拾壱日

父
母

生出

C－3（第1葉）

										本　　籍	改製原戸籍
				番地東野勇治戸籍から入籍㊞	昭和五拾参年拾壱月拾五日北川秋子と婚姻届出東京都北区王子三丁目八	昭和弐拾五年五月拾六日東京都北区で出生同月弐拾壱日父届出入籍㊞			婚姻の届出により昭和五拾参年拾壱月拾五日編製㊞	東京都江東区永代二丁目五番地	平成六年法務省令第五一号附則第二条第一項による改製につき平成拾壱年拾壱月弐拾日消除㊞

出生	夫	母	父				氏　　名
昭和弐拾五年五月拾六日	五　　郎	恵美子	東　野　勇　治				東　野　五　郎
		二　男					

C－2（1枚目：コンピュータ戸籍のため左ページ始まりです。）

除　　籍		全　部　事　項　証　明
本　　　籍	大阪府大阪市北区老松町6番地	
氏　　　名	北川　正雄	

戸籍事項	
戸籍改製	【改製日】平成21年12月14日
	【改製事由】平成6年法務省令第51号附則第2条第1項による改製
戸籍消除	【消除日】令和3年7月12日

戸籍に記録されている者	
	【名】正雄
┌─────────┐ │　　除　　籍　　│ └─────────┘	【生年月日】大正15年3月6日 【父】北川正一 【母】北川照子 【続柄】長男

身分事項	
出　　生	【出生日】大正15年3月6日 【出生地】東京市浅草区 【届出日】大正15年3月12日 【届出人】父
婚　　姻	【婚姻日】昭和28年4月10日 【配偶者氏名】鈴木ハル 【従前戸籍】東京都台東区浅草小島町二丁目10番地　北川正一
死　　亡	【死亡日】令和2年12月21日 【死亡時分】午前11時26分 【死亡地】東京都台東区 【届出日】令和2年12月22日 【届出人】親族　北川ハル 【送付を受けた日】令和2年12月24日 【受理者】東京都台東区長

戸籍に記録されている者	
	【名】ハル
┌─────────┐ │　　除　　籍　　│ └─────────┘	【生年月日】昭和4年9月16日 【父】鈴木伝助 【母】鈴木マツ 【続柄】長女

身分事項	
出　　生	【出生日】昭和4年9月16日 【出生地】東京市本郷区 【届出日】昭和4年9月24日 【届出人】父
婚　　姻	【婚姻日】昭和28年4月10日 【配偶者氏名】北川正雄 【従前戸籍】東京都墨田区太平町一丁目34番地　鈴木伝助

以下次頁

110　　　　　　　　　　　　　（41）

C−2（2枚目）

	全 部 事 項 証 明
配偶者の死亡 死　　亡	【配偶者の死亡日】令和2年12月21日
	【死亡日】令和3年7月8日
	【死亡時分】午前1時47分
	【死亡地】東京都台東区
	【届出日】令和3年7月9日
	【届出人】親族　北川冬男
	【送付を受けた日】令和3年7月12日
	【受理者】東京都台東区長
	以下余白

C-1 (第2葉)

C－1　（第2葉）

				つき除籍㊞	区長から送付東京都墨田区石原二丁目三十四番地に夫の氏の新戸籍編製に	昭和五拾八年参月弐拾日山川三枝と婚姻届出同月弐拾参日東京都千代田	月拾六日受附入籍㊞	昭和参拾弐年六月拾日大阪市北区老松町六番地で出生父北川正雄届出同
出生			母	父	出生		母	父
					昭和参拾弐年六月拾日	冬男	ハル	北川正雄
							男	長男

昭和四年九月拾六日東京市本郷区根津八重垣町一番地で出生父鈴木伝助届出同月弐拾四日受附入籍㊞

父　鈴木伝助
母　マツ
長女

妻　ハル
出生　昭和四年九月拾六日

昭和弐拾八年四月拾日北川正雄と婚姻届出東京都墨田区太平町一丁目三十四番地鈴木伝助戸籍より同日入籍㊞

昭和弐拾九年参月弐拾壱日大阪市北区老松町六番地で出生父北川正雄届出同月弐拾八日受附入籍㊞

父　北川正雄
母　ハル
長女

昭和五拾参年拾壱月拾五日東野五郎と婚姻届出同月拾八日東京都江東区長から送付同区永代二丁目五番地に夫の氏の新戸籍編製につき除籍㊞

出生　昭和弐拾九年参月弐拾壱日
秋子

									氏　　名	本　　籍	改製原戸籍

改製原戸籍　平成六年法務省令第五一号附則第二条第一項による改製につき平成弐拾壱年拾弐月拾四日消除㊞

本籍　大阪府大阪市北区老松町六番地

婚姻の届出により昭和弐拾八年四月拾日夫婦につき本戸籍編製㊞

大正拾五年参月六日東京市浅草区浅草小島町二丁目十番地で出生父北川

正一届出同月拾弐日受附入籍㊞

鈴木ハルと婚姻届出昭和弐拾八年四月拾日受附東京都台東区浅草小島町

二丁目十番地北川正一戸籍より入籍㊞

氏名　北川　正雄

父　北川　正一　長
母　　　照子　男

夫　正　雄

出生　大正拾五年参月六日

B－8（1枚目：コンピュータ戸籍のため左ページ始まりです。）

<table>
<tr><td colspan="2" align="right">全 部 事 項 証 明</td></tr>
<tr><td>本　　籍</td><td>京都府京都市北区小山初音町２０番地</td></tr>
<tr><td>氏　　名</td><td>高橋　弘一</td></tr>
<tr><td>戸籍事項
　戸籍改製</td><td>【改製日】平成２８年９月１７日
【改製事由】平成６年法務省令第５１号附則第２条第１項による改製</td></tr>
<tr><td>戸籍に記録されている者</td><td>【名】弘一

【生年月日】昭和２９年７月１６日
【父】高橋法雄
【母】高橋とみ
【続柄】長男</td></tr>
<tr><td>身分事項
　出　　生

　婚　　姻

　配偶者の死亡</td><td>【出生日】昭和２９年７月１６日
【出生地】京都市上京区
【届出日】昭和２９年７月２７日
【届出人】父
【婚姻日】昭和５５年４月２０日
【配偶者氏名】鈴木道子
【送付を受けた日】昭和５５年４月２５日
【受理者】横浜市中区長
【従前戸籍】京都市北区小山初音町２０番地　高橋法雄
【配偶者の死亡日】令和３年１０月２６日</td></tr>
<tr><td>戸籍に記録されている者

　　　除　　籍</td><td>【名】道子

【生年月日】昭和３０年９月５日
【父】鈴木一郎
【母】鈴木花子
【続柄】長女</td></tr>
<tr><td>身分事項
　出　　生

　婚　　姻

　死　　亡</td><td>【出生日】昭和３０年９月５日
【出生地】東京都千代田区
【届出日】昭和３０年９月１２日
【届出人】父
【婚姻日】昭和５５年４月２０日
【配偶者氏名】高橋弘一
【送付を受けた日】昭和５５年４月２５日
【受理者】横浜市中区長
【従前戸籍】東京都千代田区平河町一丁目４番地　鈴木一郎
【死亡日】令和３年１０月２６日
【死亡時分】午後７時２０分
【死亡地】東京都千代田区</td></tr>
</table>

以下次頁

	全　部　事　項　証　明
	【届出日】令和3年10月27日
	【届出人】親族　高橋弘一
戸籍に記録されている者	
	【名】一道
除　籍	【生年月日】昭和57年10月8日
	【父】高橋弘一
	【母】高橋道子
	【続柄】長男
身分事項	
出　　生	【出生日】昭和57年10月8日
	【出生地】横浜市中区
	【届出日】昭和57年10月15日
	【届出人】父
死　　亡	【死亡日】平成29年6月18日
	【死亡時分】午後8時25分
	【死亡地】東京都港区
	【届出日】平成29年6月19日
	【届出人】親族　高橋弘一
	以下余白

B−7（第1葉）

昭和参拾年九月五日東京都千代田区で出生同月拾弐日父届出入籍㊞

父　鈴木一郎　長
母　花子　女

昭和五拾五年四月弐拾日高橋弘一と婚姻届出同月弐拾五日横浜市中区長から送付東京都千代田区平河町一丁目四番地鈴木一郎戸籍から入籍㊞

妻　道子
生出　昭和参拾年九月五日

昭和五拾七年拾月八日横浜市中区で出生同月拾五日父届出入籍㊞

父　高橋弘一　長
母　道子　男
一道
生出　昭和五拾七年拾月八日

						から送付京都市北区小山初音町二十番地高橋法雄戸籍から入籍㊞	昭和五拾五年四月弐拾日鈴木道子と婚姻届出同月弐拾五日横浜市中区長	昭和弐拾九年七月拾六日京都市上京区で出生同月弐拾七日父届出入籍㊞		昭和五拾五年四月弐拾五日編製㊞	本　　籍 京都府京都市北区小山初音町二十番地	改製原戸籍 平成六年法務省令第五一号附則第二条第一項による改製につき平成弐拾八年九月拾七日消除㊞
											氏　　名 高　橋　弘　一	
出生		夫			母	父						
昭和弐拾九年七月拾六日		弘　一			と　み	高　橋　法　雄						
					男	長						

	全 部 事 項 証 明

本　　籍	東京都台東区松が谷一丁目５番
氏　　名	西川　佳彦

戸籍事項	
戸籍編製	【編製日】平成１８年４月３０日
転　　籍	【転籍日】平成２５年１０月１０日
	【従前の記録】
	【本籍】東京都台東区上野桜木二丁目３番

戸籍に記録されている者	
	【名】佳彦
	【生年月日】昭和５５年８月１０日　　【配偶者区分】夫
	【父】西川幸造
	【母】西川陽子
	【続柄】長男

身分事項	
出　　生	【出生日】昭和５５年８月１０日
	【出生地】東京都台東区
	【届出日】昭和５５年８月１７日
	【届出人】父
婚　　姻	【婚姻日】平成１８年３月１８日
	【配偶者氏名】鈴木さくら
	【婚姻の方式】タイ王国の方式
	【証書提出日】平成１８年４月５日
	【送付を受けた日】平成１８年４月３０日
	【受理者】在バンコク総領事
	【従前戸籍】東京都台東区三筋一丁目２３番地　西川幸造

戸籍に記録されている者	
	【名】さくら
	【生年月日】昭和５６年１月１５日　　【配偶者区分】妻
	【父】鈴木太一
	【母】鈴木英子
	【続柄】長女

身分事項	
出　　生	【出生日】昭和５６年１月１５日
	【出生地】京都市上京区
	【届出日】昭和５６年１月２２日
	【届出人】母
婚　　姻	【婚姻日】平成１８年３月１８日
	【配偶者氏名】西川佳彦
	【婚姻の方式】タイ王国の方式
	【証書提出日】平成１８年４月５日
	【送付を受けた日】平成１８年４月３０日

以下次頁

B－6（2枚目）

	全　部　事　項　証　明
	【受理者】在バンコク総領事
	【従前戸籍】東京都文京区白山一丁目１１０番地　鈴木太一
	以下余白

B-5 （1枚目：コンピュータ戸籍のため左ページ始まりです。）

<table>
<tr><td colspan="2" style="text-align:right"></td><td>全 部 事 項 証 明</td></tr>
</table>

本　　　籍	東京都文京区白山1丁目110番地
氏　　　名	鈴木　太一

戸籍事項 　戸籍改製	【改製日】平成20年10月4日 【改製事由】平成6年法務省令第51号附則第2条第1項による改製

戸籍に記録されている者 除　籍	【名】太一 【生年月日】昭和28年7月8日 【父】鈴木一郎 【母】鈴木花子 【続柄】長男
身分事項 　出　　生 　婚　　姻 　死　　亡	【出生日】昭和28年7月8日 【出生地】東京都千代田区 【届出日】昭和28年7月15日 【届出人】父 【婚姻日】昭和57年5月1日 【配偶者氏名】高山英子 【死亡日】平成29年9月9日 【死亡時分】午後10時30分 【死亡地】東京都中央区 【届出日】平成29年9月10日 【届出人】親族　鈴木英子
戸籍に記録されている者	【名】英子 【生年月日】昭和30年1月25日 【父】高山春明 【母】高山昌江 【続柄】長女
身分事項 　出　　生 　婚　　姻 　配偶者の死亡	【出生日】昭和30年1月25日 【出生地】栃木県芳賀郡茂木町 【届出日】昭和30年2月3日 【届出人】父 【婚姻日】昭和57年5月1日 【配偶者氏名】鈴木太一 【従前戸籍】京都市北区小山初音町18番地　高山英子 【配偶者の死亡日】平成29年9月9日
戸籍に記録されている者	【名】桃子

以下次頁

	全　部　事　項　証　明
	【生年月日】昭和５８年３月３日
	【父】鈴木太一
	【母】鈴木英子
	【続柄】二女
身分事項	
出　　　生	【出生日】昭和５８年３月３日
	【出生地】東京都文京区
	【届出日】昭和５８年３月１２日
	【届出人】父
	以下余白

							母	父	生出					母	父

B－4（第2葉）

		母	父	出生		母	父
				昭和五拾八年参月参日	桃子	鈴木英子	鈴木太一二
出生							女

昭和五拾八年参月参日東京都文京区で出生同月拾弐日父届出入籍㊞

B－4（第1葉）

			丁目三番に夫の氏の新戸籍編製につき除籍㊞	日証書提出同月参拾日在バンコク総領事から送付東京都台東区上野桜木二	平成拾八年参月拾八日西川佳彦とタイ王国の方式により婚姻同年四月五	英子戸籍から同日入籍㊞	昭和五拾七年五月壱日父母婚姻届出京都市北区小山初音町十八番地高山	昭和五拾六年壱月拾五日京都市北区で出生同月弐拾弐日母届出入籍㊞				地高山英子戸籍から入籍㊞

（右列より）
昭和参拾年壱月弐拾五日栃木県芳賀郡茂木町で出生父届出同年弐月参日
入籍㊞
昭和五拾七年五月壱日鈴木太一と婚姻届出京都市北区小山初音町十八番

下段：

生出 昭和五拾六年壱月拾五日	さくら（×）	母 鈴木英子	父 鈴木太一 長女	生出 昭和参拾年壱月弐拾五日	妻 英子	母 昌江	父 高山春明 長女

126　　（25）

改製原戸籍

平成六年法務省令第五一号附則第二条第一項による改製につき平成弐拾年拾月四日消除㊞

本　籍	東京都文京区白山一丁目百十番地
氏　名	鈴木太一

昭和五拾六年壱月弐拾八日編製㊞

昭和弐拾八年七月八日東京都千代田区で出生同月拾五日父届出入籍㊞

昭和五拾六年壱月弐拾五日分籍届出同月弐拾八日東京都千代田区長から送付同区平河町一丁目四番地鈴木一郎戸籍から入籍㊞

昭和五拾七年五月壱日高山英子と婚姻届出㊞

| 父 | 鈴木一郎 | 長 |
| 母 | 花子 | 男 |

| 夫 | 太一 |
| 出生 | 昭和弐拾八年七月八日 |

氏　名　　鈴　木　太　一

B－3 （1枚目：コンピュータ戸籍のため左ページ始まりです。）

	全 部 事 項 証 明

本　　籍	東京都北区王子一丁目１番地
氏　　名	鈴木　一郎

戸籍事項 　　戸籍改製	【改製日】平成１５年１０月１０日 【改製事由】平成６年法務省令第５１号附則第２条第１項による改製

戸籍に記録されている者 　　　　除　　籍	【名】一郎 【生年月日】昭和２年３月３１日 【父】鈴木伝助 【母】鈴木マツ 【続柄】長男
身分事項 　　出　　生 　　婚　　姻 　　死　　亡	【出生日】昭和２年３月３１日 【出生地】東京市本郷区 【届出日】昭和２年４月５日 【届出人】父 【婚姻日】昭和２７年６月１７日 【配偶者氏名】田中花子 【送付を受けた日】昭和２７年６月２０日 【受理者】東京都墨田区長 【従前戸籍】東京都墨田区太平町一丁目３４番地　鈴木伝助 【死亡日】令和２年３月３１日 【死亡時分】午後８時３０分 【死亡地】東京都文京区 【届出日】令和２年４月１日 【届出人】親族　鈴木花子

戸籍に記録されている者 　　　　除　　籍	【名】花子 【生年月日】昭和６年５月１０日 【父】田中三郎 【母】田中春子 【続柄】二女
身分事項 　　出　　生 　　婚　　姻	【出生日】昭和６年５月１０日 【出生地】東京市下谷区 【届出日】昭和６年５月１８日 【届出人】父 【婚姻日】昭和２７年６月１７日 【配偶者氏名】鈴木一郎 【送付を受けた日】昭和２７年６月２０日 【受理者】東京都墨田区長

以下次頁

	全 部 事 項 証 明

配偶者の死亡 死　　亡	【従前戸籍】東京都台東区入谷町２３４５番地　田中三郎
	【配偶者の死亡日】令和２年３月３１日
	【死亡日】令和３年６月３日
	【死亡時分】午前５時５０分
	【死亡地】東京都文京区
	【届出日】令和３年６月４日
	【届出人】親族　鈴木新
戸籍に記録されている者	【名】新
	【生年月日】昭和３７年６月３日
	【父】田中孝助
	【母】田中ウメ
	【続柄】長男
	【養父】鈴木一郎
	【養母】鈴木花子
	【続柄】養子
身分事項 出　　生	【出生日】昭和３７年６月３日
	【出生地】群馬県前橋市
	【届出日】昭和３７年６月１０日
	【届出人】父
養子縁組	【縁組日】昭和５０年３月１８日
	【養父氏名】鈴木一郎
	【養母氏名】鈴木花子
	【代諾者】親権者母
	【従前戸籍】群馬県前橋市本町１６番地　田中孝助
	以下余白

B−2（第1葉）

昭和六年五月拾日東京市下谷区で出生同月拾八日父届出入籍㊞

昭和弐拾七年六月拾七日鈴木一郎と婚姻届出同月弐拾日東京都墨田区長

から送付東京都台東区入谷町二千三百四十五番地田中三郎戸籍から入籍㊞

昭和参拾七年六月参日群馬県前橋市で出生同月拾日父届出入籍㊞

昭和五拾年参月拾八日鈴木一郎同人妻花子の養子となる縁組届出（代諾

者親権者母）群馬県前橋市本町十六番地田中孝助戸籍から入籍㊞

	父	田中三郎	二
	母	春子	女
出生 昭和六年五月拾日	妻	花子	
	父	田中孝助	長
	母	ウメ	男
	養父	鈴木一郎	子
	養母	花子	養子
出生 昭和参拾七年六月参日	新		

130　　　　　　　　　　（21）

							本　籍	改製原戸籍

本　籍　東京都北区王子一丁目一番地

平成拾壱年参月参拾日東京都千代田区平河町一丁目四番地から転籍届出㊞

昭和弐年参月参拾壱日東京市本郷区で出生同年四月五日父届出入籍㊞

昭和弐拾七年六月拾七日田中花子と婚姻届出同月弐拾日東京都墨田区長から送付同区太平町一丁目三十四番地鈴木伝助戸籍から入籍㊞

改製原戸籍　平成六年法務省令第五一号附則第二条第一項による改製につき平成拾五年拾月拾日消除㊞

氏　名	鈴　木　一　郎

父	鈴　木　伝　助	長	男
母	マ　ツ		
夫	一　郎		
出生	昭和弐年参月参拾壱日		

B－1（第2葉）

出生							父	母	出生					父	母

Ｂ－１（第２葉）

昭和参拾年九月五日東京都千代田区麹町五丁目十五番地で出生父鈴木一郎届出同月拾弐日受附入籍㊞

　父　鈴木一郎　長
　母　花子　　　女
　道子（×）
　生出　昭和参拾年九月五日

昭和五拾五年四月弐拾日高橋弘一と婚姻届出同月弐拾五日横浜市中区長から送付京都市北区小山初音町二十番地に夫の氏の新戸籍編製につき除籍㊞

昭和参拾七年六月参日群馬県前橋市で出生同月拾日父届出入籍㊞

昭和五拾年参月拾八日鈴木一郎同人妻花子の養子となる縁組届出（養子の代諾者親権者母）群馬県前橋市本町十六番地田中孝助戸籍から入籍㊞

　父　田中孝助　長
　母　ウメ　　　男
　養父　鈴木一郎
　養母　花子　　養子
　新
　生出　昭和参拾七年六月参日

B－1（第1葉）

新戸籍編製につき除籍㊞	昭和五拾六年壱月弐拾五日分籍届出東京都文京区白山一丁目百十番地に	さくらを認知届出㊞	昭和五拾六年壱月弐拾五日京都市北区小山初音町十八番地高山英子同籍	郎届出同月拾五日受附入籍㊞	昭和弐拾八年七月八日東京都千代田区麹町二丁目五番地で出生父鈴木一			昭和五拾年参月拾八日夫とともに田中新を養子とする縁組届出㊞	拾日送付台東区入谷町二千三百四十五番地田中三郎戸籍より入籍㊞	昭和弐拾七年六月拾七日鈴木一郎と婚姻届出東京都墨田区長受附同月弐	月拾八日受附入籍㊞	昭和六年五月拾日東京市下谷区下谷三十五番地で出生父田中三郎届出同		

出生		母	父	出生	妻	母	父
昭和弐拾八年七月八日	太一（×印）	鈴木花子	鈴木一郎	昭和六年五月拾日	花子	田中春子 女	田中三郎 二
		男	長				

134　　　　　　（17）

						昭和五拾年参月拾八日妻とともに田中新を養子とする縁組届出㊞	拾日送付墨田区太平町一丁目三十四番地鈴木伝助戸籍より入籍㊞	田中花子と婚姻届出昭和弐拾七年六月拾七日東京都墨田区長受附同月弐	助届出同年四月五日受附入籍㊞	昭和弐年参月参拾壱日東京市本郷区根津八重垣町一番地で出生父鈴木伝	籍届出同年四月参日同区長から送付消除㊞	平成拾壱年参月参拾日東京都北区王子一丁目一番地に転	戸籍編製㊞	婚姻の届出により昭和弐拾七年六月弐拾日夫婦につき本	籍　　　本	除　籍
														東京都千代田区平河町一丁目四番地		
生出			夫			母	父							氏　　　名		
昭和弐年参月参拾壱日			一　郎			鈴　木　マ　ツ　　男	鈴　木　伝　助　　長							鈴　木　一　郎		

A−2（第2葉） ※A−3戸籍は、G−1戸籍の左側(87)頁に掲載しております。

				母	父	生出			母	父
生出										

A－2（第2葉）

昭和拾壱年拾月拾五日東京市本郷区根津八重垣町一番地で出生父鈴木伝

父　鈴木　伝助　三男
母　　　　マツ

助届出同月弐拾参日受附入籍㊞
西山一枝と婚姻夫の氏を称する旨届出昭和四拾壱年九月拾壱日東京都港
区長受付同月拾参日送付港区芝愛宕町一丁目五十七番地に新戸籍編製につ
き除籍㊞

出生　昭和拾壱年拾月拾五日
雄三

昭和拾五年壱月拾四日東京市本所区太平町一丁目三十四番地で出生父鈴
木伝助届出同月拾九日受附入籍㊞

父　鈴木　伝助　三女
母　　　　マツ

出生　昭和拾五年壱月拾四日
サト

(14)　　　　　　　　　　　　　　　　137

明治参拾六年拾壱月弐拾九日出生㊞

平成弐年五月弐拾参日午後九時参拾分東京都墨田区で死亡同月参拾壱日

親族鈴木一郎届出除籍㊞

	父	山 川 千 吉	二
出生	母	せ き	女
明治参拾六年拾壱月弐拾九日		マ ツ	

昭和九年六月八日東京市本郷区根津八重垣町一番地で出生父鈴木伝助届

出同月拾六日受附入籍㊞

山崎和子と婚姻夫の氏を称する旨届出昭和四拾参年参月弐拾壱日東京都

文京区長受附同月弐拾五日送付文京区白山一丁目百十一番地に新戸籍編製

につき除籍㊞

	父	鈴 木 伝 助	二
出生	母	マ ツ	男
昭和九年六月八日		孝 二	

	改製原戸籍

平成六年法務省令第五一号附則第二条第一項による改製につき平成弐拾年九月拾参日消除㊞

本　　籍	

東京都墨田区太平町一丁目三十四番地

年拾壱月拾日本戸籍編製㊞

昭和参拾弐年法務省令第二十七号により改製昭和参拾五

氏　　名	

鈴　木　伝　助

父	鈴　木　小治郎	五	男
母	し　ん		

伝　助

出生　明治参拾参年拾壱月弐拾八日

A－1（第3葉）

		東京市本所区太平町一丁目三十四番地二於テ出生父鈴木伝助届出
		昭和拾五年壱月拾九日受附入籍㊞

三　女

父	鈴木伝助
母	マツ 三女

サト

出生　昭和拾五年壱月拾四日

父	
母	

出生

A－1 （第2葉）

	男　三			男　二	
昭和拾四年八月拾壱日父伝助分家ニ付共ニ入籍㊞	拾壱年拾月弐拾参日受附入籍㊞	東京市本郷区根津八重垣町一番地ニ於テ出生父鈴木伝助届出昭和	昭和拾四年八月拾壱日父伝助分家ニ付共ニ入籍㊞	九年六月拾六日受附入籍㊞	東京市本郷区根津八重垣町一番地ニ於テ出生父鈴木伝助届出昭和

男　三
父　鈴木伝助
母　マツ　三男
出生　昭和拾壱年拾月拾五日
雄三

男　二
父　鈴木伝助
母　マツ　二男
出生　昭和九年六月八日
孝二

二　女			長　女		
籍編製につき除籍㊞			き除籍㊞		
都中央区長受附同月弐拾四日送付中央区日本橋室町十五番地に新戸			市北区長受附同月弐拾四日同市北区老松町六番地に新戸籍編製につ		
杉山恵三と婚姻夫の氏を称する旨届出昭和参拾年五月拾弐日東京			北川正雄と婚姻夫の氏を称する旨届出昭和弐拾八年四月拾日大阪		
昭和拾四年八月拾壱日父伝助分家ニ付共ニ入籍㊞			昭和拾四年八月拾壱日父伝助分家ニ付共ニ入籍㊞		
六年拾弐月拾四日受附入籍㊞			四年九月弐拾四日受附入籍㊞		
東京市本郷区根津八重垣町一番地ニ於テ出生父鈴木伝助届出昭和	母	父	東京市本郷区根津八重垣町一番地ニ於テ出生父鈴木伝助届出昭和	母	父
出生		鈴	出生		鈴
	フ	木		ハ	木
昭和六年拾弐月六日	ミ	伝	昭和四年九月拾六日	ル	伝
	マ	助		マ	助
	ツ	二女		ツ	長女

A－1（第1葉）

						男 長			妻		
				附千代田区平河町一丁目四番地に新戸籍編製につき除籍㊞	田中花子と婚姻夫の氏を称する旨届出昭和弐拾七年六月拾七日受	昭和拾四年八月拾壱日父伝助分家ニ付共ニ入籍㊞	弐年四月五日受附入籍㊞ 東京市本郷区根津八重垣町一番地ニ於テ出生父鈴木伝助届出昭和		昭和参拾壱年拾壱月拾八日夫伝助死亡㊞	昭和拾四年八月拾壱日夫伝助分家ニ付共ニ入籍㊞	鈴木伝助ト婚姻届出同日入籍㊞ 千葉縣千葉郡千葉町四番地戸主山川千吉二女大正拾四年七月五日

出生			母	父	出生	母	父
昭和弐年参月参拾壱日	一郎		マ ツ	鈴 木 伝 助	明治参拾六年拾壱月弐拾九日	マ ツ	山 川 千 吉
			長男			せ き	二 女

144 （7）

4　鈴木伝助家族によるA－1戸籍からG－1戸籍まで

A－1　（第1葉）

改製原戸籍															本　　籍

本籍欄：
東京都墨田区
東京都本所区太平町一丁目三十四番地

あらたに戸籍を編製したため本戸籍消除㊞

昭和弐拾弐年法務省令第二十七号により昭和参拾五年拾壱月拾日

本戸籍改製㊞

昭和参拾弐年法務省令第二十七号により昭和参拾参年五月拾五日

鈴木一郎届出同日受附除籍㊞

昭和参拾壱年拾月拾八日午前壱時五拾分本籍で死亡同居の親族

区」ト更正㊞

昭和弐拾弐年参月拾五日行政区画ノ名称変更ニ付本籍欄中「墨田

昭和弐拾弐年参月拾日焼失ニ付キ昭和弐拾四年拾月弐拾五日再製㊞

和拾四年八月拾壱日受附㊞

東京市本郷区根津八重垣町一番地戸主鈴木小治郎五男分家届出昭

山川マツト婚姻届出大正拾四年七月五日受附㊞

前戸主		戸主
前戸主トノ続柄		
父	鈴木　小治郎	五男
母	しん	
鈴木　伝助（×印）		
出生	明治参拾参年拾壱月弐拾八日	

3　相続関係説明図

（死亡者氏名の（数字）は相続類型を表す）

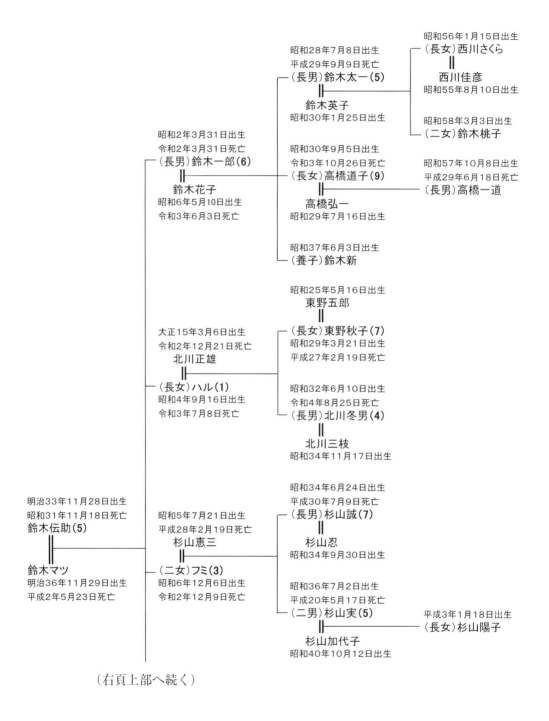

昭和28年7月8日出生
平成29年9月9日死亡
（長男）鈴木太一(5)

鈴木英子
昭和30年1月25日出生

昭和56年1月15日出生
（長女）西川さくら
＝＝
西川佳彦
昭和55年8月10日出生

昭和58年3月3日出生
（二女）鈴木桃子

昭和2年3月31日出生
令和2年3月31日死亡
（長男）鈴木一郎(6)

鈴木花子
昭和6年5月10日出生
令和3年6月3日死亡

昭和30年9月5日出生
令和3年10月26日死亡
（長女）高橋道子(9)
＝＝
高橋弘一
昭和29年7月16日出生

昭和57年10月8日出生
平成29年6月18日死亡
（長男）高橋一道

昭和37年6月3日出生
（養子）鈴木新

昭和25年5月16日出生
東野五郎
＝＝
（長女）東野秋子(7)
昭和29年3月21日出生
平成27年2月19日死亡

大正15年3月6日出生
令和2年12月21日死亡
北川正雄
＝＝
（長女）ハル(1)
昭和4年9月16日出生
令和3年7月8日死亡

昭和32年6月10日出生
令和4年8月25日死亡
（長男）北川冬男(4)

北川三枝
昭和34年11月17日出生

明治33年11月28日出生
昭和31年11月18日死亡
鈴木伝助(5)
＝＝
鈴木マツ
明治36年11月29日出生
平成2年5月23日死亡

昭和5年7月21日出生
平成28年2月19日死亡
杉山恵三
＝＝
（二女）フミ(3)
昭和6年12月6日出生
令和2年12月9日死亡

昭和34年6月24日出生
平成30年7月9日死亡
（長男）杉山誠(7)

杉山忍
昭和34年9月30日出生

昭和36年7月2日出生
平成20年5月17日死亡
（二男）杉山実(5)

杉山加代子
昭和40年10月12日出生

平成3年1月18日出生
（長女）杉山陽子

（右頁上部へ続く）

146　　　　　　（5）

（左頁下部より）

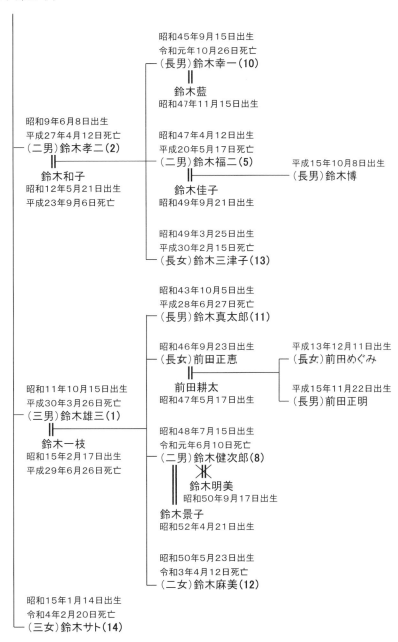

2 戸籍系統図

（A－1以下の記号は（6）頁以降の戸籍を示す）

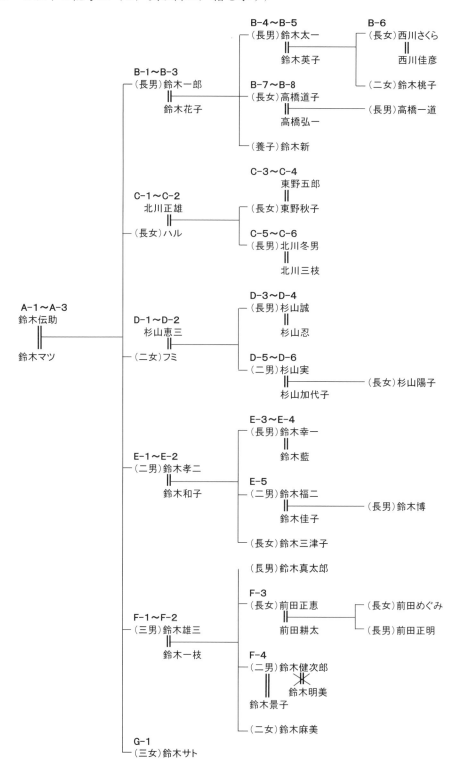

6	子と被相続人の孫（代襲相続人）と配偶者が相続人の場合	（伝助長男）鈴木一郎	鈴木花子、高橋道子、鈴木新、西川さくら、鈴木桃子
7	直系尊属と配偶者が相続人の場合	（ハル長女）東野秋子	東野五郎、北川正雄、北川ハル
		（フミ長男）杉山誠	杉山忍、杉山フミ
8	兄弟姉妹と配偶者が相続人の場合	（雄三二男）鈴木健次郎	鈴木景子、前田正恵、鈴木麻美
9	兄弟姉妹と甥・姪（代襲相続人）と配偶者が相続人の場合	（一郎長女）高橋道子	高橋弘一、鈴木新、西川さくら、鈴木桃子
10	甥・姪（代襲相続人）と配偶者が相続人の場合	（孝二長男）鈴木幸一	鈴木藍、鈴木博
11	直系尊属のみが相続人の場合	（雄三長男）鈴木真太郎	鈴木雄三、鈴木一枝
12	兄弟姉妹のみが相続人の場合	（雄三二女）鈴木麻美	前田正恵
13	兄弟姉妹と甥・姪（代襲相続人）が相続人の場合	（鈴木孝二長女）鈴木三津子	鈴木幸一、鈴木博
14	甥・姪（代襲相続人）のみが相続人の場合	（伝助三女）鈴木サト	鈴木新、北川冬男、前田正恵

　（注1） 再転相続とは、第1の相続が開始し、その相続人がまだ相続の承認も相続放棄もないうちに死亡したため、第2の相続が開始することです。この場合、第2の相続人は、第1の相続を承認又は放棄する権利を相続によって承継する（民法916条）とともに、自ら第2の相続を承認又は放棄することができます。

　（注2） 再代襲相続とは、推定相続人である子又は兄弟姉妹が、死亡・廃除・相続欠落により相続開始以前に相続権を失ったときに、その者の子がその者に代わって相続することです（民法887条2項・889条2項）。

　（注3） 数次相続とは、被相続人の死亡後、遺産分割が終わらないうちに、相続人の一人が死亡することで、さらに相続が開始することです。この場合、第1の相続についてその相続人が、承認又は放棄の意思表示をしていたときには、第2の相続人は、第1の相続人の意思表示に従い、第1の相続について対応しなければなりません。

※戸籍中、行政区画の名称変更等の前後によって同一地域で表記の異なる箇所があります。

　　例：京都市上京区→京都市北区（昭和30年9月1日）

ここからは、具体的事例として鈴木伝助家族について、被相続人に対する各々の相続人の類型と戸籍系統図、関係説明図を掲載するとともに、鈴木伝助を戸主とするいわゆる旧法戸籍の大正４年式戸籍（Ａ－１戸籍）を始めとして孫・曽孫世代までを含むＧ－１戸籍までの家族戸籍集を掲載しました。さらに鈴木伝助家族によるＡ－１戸籍からＧ－１戸籍までの戸籍メモ、戸籍編製の早見表を掲げていますので、参考にして下さい。

なお、戸籍が右綴じとなる関係から第４全体が逆頁掲載となりますのでご注意下さい。

1 法定相続人の類型

被相続人に対する代表的類型（６頁参照）を鈴木伝助家族にあてはめた類型は、下記の14とおりになります。

なお、ここで示す類型には、再転相続（**注１**）及び再代襲相続（**注２**）並びに数次相続（**注３**）の各相続における相続人の場合については、含めていません。

	相続類型	被相続人	法定相続人
1	子のみが相続人の場合	（伝助長女）北川ハル	北川冬男
		（伝助三男）鈴木雄三	前田正恵、鈴木健次郎、鈴木麻美
2	子と被相続人の孫（代襲相続人）が相続人の場合	（伝助二男）鈴木孝二	鈴木幸一、鈴木三津子、鈴木博
3	孫（代襲相続人）のみが相続人の場合	（伝助二女）杉山フミ	杉山陽子
4	配偶者のみが相続人の場合	（ハル長男）北川冬男	北川三枝
5	子と配偶者が相続人の場合	鈴木伝助	鈴木マツ、鈴木一郎、北川ハル、杉山フミ、鈴木孝二、鈴木雄三、鈴木サト
		（一郎長男）鈴木太一	鈴木英子、西川さくら、鈴木桃子
		（フミ二男）杉山実	杉山加代子、杉山陽子
		（孝二二男）鈴木福二	鈴木佳子、鈴木博

基礎からわかる　相続と戸籍　〜鈴木伝助とその家族の戸籍を読む〜

2023年 6 月18日　初版第 1 刷印刷　定価：1,980円（本体価：1,800円）
2023年 6 月24日　初版第 1 刷発行

不複
許製

著　者　新谷　雄彦
　　　　渡部　良雄

発行者　坂巻　徹

発行所　東京都北区　株式　テイハン
　　　　東十条 6 丁目6-18　会社
　　　　電話 03（6903）8615　FAX 03（6903）8613／〒114-0001
　　　　ホームページアドレス　https://www.teihan.co.jp

〈検印省略〉　　　　　　　　　　印刷／広研印刷株式会社
　　　　　　　　　　　　　　　　ISBN978-4-86096-168-8